歴史文化ライブラリー
267

敵国人抑留

戦時下の外国民間人

小宮まゆみ

目　次

＊カバー写真　解放された民間人抑留者たち

写真は終戦後の一九四五年九月埼玉県さいたま市浦和区の聖フランシスコ修道院に抑留されていた外国人が解放される時の様子。米軍トラックに荷物を積み帰宅の準備をしている。

（アメリカ国立公文書館所蔵、工藤洋三氏提供）

戦時下の敵国民間人抑留——プロローグ

グローバル社会といわれている現代、海外に在住する日本人は年々増えつづけ、総務省の統計によると、二〇〇六年時点で、海外に長期滞在をしている日本人と永住日本人を合わせると、一〇六万人を超える日本人が海外で生活している。企業の海外進出や移転はますます盛んで、今後も在外勤務となる日本人は増えていくだろう。また、将来国際社会で活躍することを目指して、高校生や大学生の留学志向も高まっている。

そのうえ毎年一五〇〇万人もの日本人が、旅行に、ビジネスに海外に出国する時代である。オーストラリアは新婚旅行先として人気の的であり、韓国や中国に修学旅行にいく高校生も多い。グアム島やサイパン島は、国内旅行と同じほど手軽に行けるリゾート地になっている。

また、海外から日本へやってくる外国人も著しく増加している。在日外国人はここ一〇年ほどで四割近くも増加し、現在日本に生活している外国人は二〇〇万人に達している。地域でも職場でも学校でも、外国人は身近な隣人であり、同僚や友人にもなっている。国境という壁が低くなり、さまざまな文化や歴史をもつ民族がその利点を生かして交流していくことは良いことである。しかし戦後の長い平和のなかで、今、私たちは国境を越えることの危うさに、無頓着になりすぎているのではないだろうか。

六十数年前に勃発した第二次世界大戦は、かつてない規模で民間人を戦争に巻き込み、その犠牲者にした。被害は戦場においてのみ発生したわけではなく、戦線を遠く離れた国でも、大量の民間人が敵国の国籍にあるというだけで職を追われ、財産を没収され、家族や友人と引き離され、抑留所に収容された。アメリカ合衆国西海岸では一二万人を越える日本人・日系人が内陸の収容所に抑留され、苦難の収容生活を送ったのは有名である。

一般にはあまり知られていないことであるが、実は同じことが日本でも起こっていた。横浜や神戸の貿易商が、敬虔な信仰生活を送っていた修道士や修道女が、地域の尊敬を集めていたミッションスクールの教師が、外資系企業の幹部社員が、開戦とともに次々と抑留された。日本軍が東南アジアから広大な太平洋地域を占領すると、占領地の外国民間人がまた抑留された。

やがて敗戦国となる日本が設置した抑留所の待遇は劣悪で、食料不足や空襲の危険が容赦なく抑留者を脅かした。民間人抑留の傷跡は、日本人が戦後の発展の陰ですっかり忘れてしまっていても、抑留されたオランダ人のあいだに、あるいはイギリス人やアメリカ人、オーストラリア人のあいだに今も残っている。

多くの日本人が海外を訪れ、民間人どうしの温かい交流を持つことは素晴らしいことである。そうした交流を表面的なものに終わらせず、真に平和を作り出す力にするためには、アジア太平洋戦争にともなって起こった、民間人抑留の辛い歴史も知っておくべきではないだろうか。また、グローバル化の進んだ現在、戦争にともなう民間人抑留の歴史は、単に過去の出来事として知っておくという以上の、今日的意義を持っていると思われる。

二度と戦争を国際紛争解決の手段としないと誓った六十数年前から、奇蹟といわれる復興を経て、現在日本は経済大国であるとともに軍事大国にもなっている。二〇〇三年のイラク戦争以来、自衛隊の海外派遣は本来任務とされ、今も海上自衛隊はインド洋での給油活動に携わっている。また、世界のさまざまな地域で、今も地域紛争が起こっている。日本人がいつまたどんな機会に、戦争に巻き込まれないとも限らない時代が到来しているのである。

もし戦争によって心ならずも「敵国」に身を置くことになってしまった時、一〇〇万人もの海外在留の日本人は、どのようなことに直面することになるのだろうか。また、もし戦争によって国内に身近な隣人として暮らす二〇〇万人の外国人が「敵国人」となってしまった時、私たちは冷静で人間的な対応ができるだろうか。

戦時下の民間人抑留の歴史を知ることは、多文化共生の現代社会において、平和を基礎に置いた国際関係を築いていくための、重要な課題の一つでもある。

「敵国人」抑留開始

抑留された敵国民間人

民間人抑留とは

アジア太平洋戦争中、連合軍の将兵として戦場で戦って日本軍の捕虜になった人びととは別に、多くの外国民間人が、日本国内で、あるいは日本の植民地や占領地で、「敵国人抑留所《てきこくじんよくりゅうじょ》」に抑留され、不自由な収容所生活を送った。本書で述べようとしている「敵国人」というのは、戦争捕虜のことではなく、このような非戦闘員である一般市民のことである。具体的にアジア太平洋戦争下の民間人抑留を考える前に、民間人抑留の歴史的背景について触れておきたい。

世界史的にいえば、戦争による「敵国人」の抑留が大規模に行なわれたのは、第一次世界大戦がはじめてである。第一次世界大戦では、イギリスやオーストラリアで、多数の在住ドイツ人が、敵対的活動を防ぐため、また彼らの身柄を保護するため、という名目で抑留された。一九一五年の一〇月までにオーストラリアの強制収容キャンプに抑留されたドイツ系住民は、三一三五名にものぼったという（永田由利子『オーストラリア日系人強制収容の記録』高文研、二〇〇二年）。同じく対戦国ドイツでも、多数のフランス人・イギリス人らが抑留されたが、その待遇は劣悪なものであった。

一方、日本では、第一次世界大戦中に多くのドイツ兵を捕虜としたが、日本国内に在住していたドイツ人を、組織的に抑留するということはしていない。近代になって日本が行なった対外戦争で、大規模に敵国民間人の抑留を行なったのは、アジア太平洋戦争がはじめてだった。

アジア太平洋戦争中、アメリカ合衆国では一二万五〇〇〇人にもおよぶ日系人が強制収容され、辛酸《しんさん》をなめたことは有名な事実だが、同じように戦争中、日本でも連合国側民間人を組織的に抑留した。抑留所は、日本国内にも、朝鮮や満洲（中国東北部）にも、オランダ領だったインドネシアなどの占領地にも設けられた。抑留者の数では、インドネシアで抑留されたオランダ人が約一〇万人と群を抜いて多く、内海愛子氏の研究などによりその状況が明らかにされている（シャーリー・フェントン・ヒューイ、内海愛子『忘れられた人びと』梨の木舎、一九九八年）。一方、日本国内の敵国人抑留所については、身近なところにありながら、従来ほとんど注目されてこなかった。

国際法と民間人抑留

多数の国が互いに国境を接し、紛争の絶え間がなかったヨーロッパでは、早くから戦時国際法の制定が進んでいた。捕虜の人道的な取り扱いを定めた一八九九年のハーグ陸戦規則、それを改定した一九〇七年のハーグ陸戦規則、そして第一次世界大戦の反省をふまえた一九二九年のジュネーヴ捕虜条約、などである。しかし、戦時に敵国人となってしまった外国民間人の保護に関しては、一九二九年のジュネーヴ条約でも、ほとんど具体的な規定は定められなかった（藤田久一『国際人道法』有信堂、一九九三年）。

したがって、民間人の抑留については、何らの国際法による保護も定められないうちに、一九三九（昭和一四）年九月、第二次世界大戦が勃発してしまったといってよい。イギリスでも、オーストラリアでも、第一次世界大戦時と同じように、ふたたび敵国となったドイツ人の抑留が始まった。さらに、日本との戦争が始まることを予期していたイギリスは、植民地マレーに住んでいた日本人のことを事前に調べ、日英開戦時にはすみやかに日本人の逮捕抑留を行なう準備を進めていた（林博史「インドに抑留された日本人民間抑留者」『自然・人間・社会』第二五号、関東学院大学経済学部総合学術論叢、一九九八年）。オーストラリアでも一九三九年八月以降、一六歳以上の外国人の登録を義務づけ、敵性外国人については、警察の移動許可証を取得しなければ、居住地区を離れられなくなった（『オーストラリア日系人強制収容の記録』前掲）。

このような状況下で、日本でも、英米との開戦をにらんでのさまざまな戦争準備の行程のなかに、在日外国人に対する抑留を含む非常措置は組み込まれていた。各県警察部による外国人の所在の確認、資産の調査、開戦時における抑留所候補地の選定などである。多くの外国人が知らないうちに、民間人抑留の準備は着々と整えられていった。

日本国内における敵国人抑留

一九四一（昭和一六）年一二月八日の英米との開戦とともに、日本国内に在留する連合国側の外国人の抑留が始まった。当時の内務省警保局が調査した『昭和十六年中における外事警察概況』（龍渓社、一九八〇年）によると、一九四一年一二月時点で日本に在住したアメリカ人は一〇四四名、イギリス人は六九〇名、さらにカナダ人・オランダ人・オーストラリア人など、連合国側に属する外国人が計二〇〇〇名以上いた。

この人たちは、開戦とともに「敵国人」と呼ばれ、連合軍側のスパイ活動など敵対的活動をするのではないかと疑われ、警察や憲兵隊に逮捕されたり、敵国民間人として抑留された。辛うじて収容を免れた女性や子どもも、特別高等警察による生活の監視など、さまざまな迫害を受けた。本書の一つの主題は、このようにして、自らの意思と関わりなく「敵国人」とされた、在日外国人の戦時下の状況について明らかにすることである。

また、こうした在日外国人以外に、戦争の進展にともなって、海外の日本軍占領地から非戦闘員である民間人が、さまざまな事情で日本国内に連行されてきた。その数は、判明しているだけでも一〇ヵ国以上、およそ四三〇名に達し、終戦に至るまで日本国内の抑留所に抑留された。こうした、連行されてきた外国人の抑留についても、できるだけその状況を明らかにし、歴史のなかに位置づけたい。

抑留対象の変化と拡大

抑留された外国人のうち、在日外国人の一部は戦争中に実施された「交換船」によって帰国の途につくことができたが、海外から連行された民間人は、交換船による帰国はできなかった。また、戦況の変化によって新たに日本にとって「敵国」となる国もあり、国内世論引き締めや本土決戦に備えて、抑留すべき外国人の対象拡大も行なわれた。そのため抑留者の全体数は、開戦時に比べ、むしろ終戦時の方が上回っている。

敵国人抑留の変遷は、おおまかに次の四つの時期に分けられる。
・第一期（一九四一年一二月八日の開戦～一九四二年八月まで）
　成人男子を抑留対象とした、比較的待遇の良かった時期
・第二期（一九四二年九月以降～四三年九月まで）
　女性宣教師や修道女をも抑留対象とし、より厳しい対応が行われた時期
・第三期（一九四三年一〇月以降～一九四五年初め）
　枢軸国を離脱したイタリア人にも抑留対象を拡大した時期
・第四期（一九四五年の初めころ～終戦まで）
　本土決戦に備えてドイツ人やフランス人まで抑留し、空襲や飢餓で抑留者が危険に晒《さら》された時期

こうした抑留対象の変化と拡大に加え、海外から連行されてきた民間人の抑留や、空襲に備えての抑留所の移転が、抑留所の変遷を複雑にしている。

これらの点を踏まえて、日本国内における「敵国人抑留」の全体像について明らかにしてゆきたい。

日本に留まった外国人

崩壊する横浜外国人社会

敵国人抑留開始前の在日外国人の状況を、横浜からみてみよう。横浜には、幕末の一八五九（安政《あんせい》六）年の開港以来、生糸や茶の貿易商に始まり、宣教師や教育者、機械エンジニア、石油会社や自動車会社など欧米系企業の社員と多くの外国人が来日し、住みついた。とくに横浜市中区の山下町から山手町付近の旧外国人居留地一帯は、古くに来日した貿易商を中心に、横浜生まれの二世や三世も加わって独特の「外国人社会」が形成されていた。セントジョセフ学院などのインターナショナルスクールで学び、コックや子守を雇い、外国人クラブでの社交や音楽会を楽しみ、テニスやクルージングに汗を流し、洋酒と炭酸水をたしなむ。そこには、欧米の文化が根づき、まるで小さな外国のような様相を呈していた。

しかし、一九三九（昭和一四）年九月に第二次世界大戦が勃発、四〇年九月に日本が北部仏印（フランス領インドシナ）に進駐して日独伊三国同盟が締結されると、対英米関係は極度に緊張し、同年一〇月には、イギリス・アメリカ両国は、自国民の極東《きょくとう》引揚げを勧告した。この勧告に応じて、翌四一年七月までに、神奈川県内在住のイギリス人のうち一三二名、アメリカ人のうち一一八名、計二五〇名が、横浜港からの旅客船で引揚げていった。

一九四一年に入ると、戦争回避のためのぎりぎりの日米交渉が行われるが、七月二五日、ついにアメリカ合衆国は在米日本資産を凍結し、日本との金融、貿易上の取引もすべてアメリカ政府の管理下に置かれた。イギリス・オランダもそれに倣《なら》った。

これに対抗して、日本も七月二八日、「外国人関係取引取締規則（通称資産凍結令）」を公布し、アメリカ・イギリス・オランダなど指定国との貿易を停止した。さらにアメリカは八月一日、対日石油輸出を全面禁止した。その結果、米英蘭との貿易はもちろん、英連邦のカナダ・オーストラリア・ニュージーランド・インド・南アフリカ・英領のマレー、また、蘭領のインドネシアとの貿易も停止することになった。これらの諸国との貿易は、日本の全輸入額の七五%を占めており、石油にいたってはほぼ一〇〇%依存していた。これらが完全に断たれることは、まさに日本経済にとって致命的であった。

そして、この資産凍結と貿易停止は、横浜の貿易・金融・保険・製造などに携わる外国企業や個人を直撃した。長年外国金融機関として実績を誇ってきたチャータード銀行横浜支店は九月末をもって閉鎖、セール商会・フレザー商会・ウィトコスキー商会など、当時約六〇社あるといわれた横浜所在外国商社も、まもなく日本事務所を閉鎖し、全面撤退するしかなかった。

残留する貿易商

資産凍結・貿易停止・企業の閉鎖という情況にあって、イギリス政府は引揚げ船としてイギリス船安徽《アンフイ》号を横浜に派遣した。九月一日、横浜のイギリス領事館は管下のイギリス人に対し、この便船を利用して日本を退去するよう最後の勧告を行なった。しかし、長年日本に住み、生活基盤を日本に持つ外国人のなかには、帰国を望まない人も多かった。一八七五（明治八）年に弱冠二二歳で来日して以来、横浜で長いあいだ茶の輸出業を経営してきたチャールズ・バーナードは、この帰国勧告に対し、次のように帰国しない理由を回答した。

その理由として第一には私の所持しているわずかな財産を処分することができないし、

たとえそれができたとしても、収入の唯一の源泉を収得することは許されないからです。また、第二の理由として私は現在八十八歳になり、多少耳が遠くなり、当地で六十年も生活してきた後で他国へ移民することは、当地に残留することによって経験することになろうこと以上に、恐らく面倒なことになるだろうからです。

（東海林静男「太平洋戦争下における外国人の動向」『横浜市史Ⅱ第一巻（下）』横浜市、一九九六年）

すでに七月に公布された「外国人関係取引取締規則（通称資産凍結令）」のため、資産を処分することも、持ち帰ることも、できなくなっていた。長年横浜に住み、財産を築きあげた外国人にとって、事業や財産のすべてを残したまま帰国しなければならない、というのは過酷なことである。ましてバーナードのように、日本人と結婚し、子どもをもうけている場合などは、なおさらであった。

神奈川県警察部外事課による「居住外国人国籍別人口調査表等」（国立公文書館所蔵資料）によれば、一九四一年九月三〇日の時点で神奈川県在住の「敵性外国人」の数は、イギリス人二六二名、アメリカ人一四八名、インド人四八名、デンマーク人二四名、ポーランド人二〇名、オランダ人一八名、フィリピン人一六名、カナダ人一一名、その他二一名、計五六八名であった。

四一年一〇月に東条英機《とうじょうひでき》内閣が成立し、日米間の戦争は避けがたい状況になってきた。この時点で日米間の協議により、貿易滞貨一掃と両国民の引揚げのため、三隻の引揚げ船がアメリカとハワイに向けて出航することになった。日本郵船の龍田丸《たつたまる》がサンフランシスコへ、氷川丸《ひかわまる》がシアトルへ、大洋丸《たいようまる》がハワイへ向け、いずれも一〇月中に、最後の引揚げ外国人を乗せて横浜港を出航して行った。こうして隆盛《りゅうせい》を誇った横浜の外国人社会は崩壊し、神奈川県に残留する英・米・蘭などいわゆる「敵性外国人」は、日米開戦直前の一一月末には三〇〇名程度に減少していった。

残留する宣教師たち

残留した外国人のなかで、外国系企業の社員や貿易商のほかに、目につくのはミッションスクールの宣教師であった。横浜には、明治期に創立したミッションスクールがいくつもある。もっとも古い歴史を持つのは一八七〇（明治三）年創立のフェリス女学校、つづいて翌一八七一年創立の共立女学校（現、横浜共立学園）、やや遅れて一八八〇年創立の横浜英和女学校、さらにつづいて捜真《そうしん》女学校、横浜紅蘭《こうらん》女学校（現、横浜雙葉学園）、そして男子校の関東学院と計六校を数える。横浜紅蘭女学校はフランス系修道女会「幼きイエス会」が創立したカトリックの学校だが、他の五校はプロテスタント系で、アメリカ人宣教師が創立し、アメリカの教会から資金の援助を受け、代々の校長もアメリカ人だった。また、このほかに外国人子弟のための学校として、一八七二年「幼きイエス会」創立の女子校サンモール・インターナショナルスクール、一九〇一年カトリック修道会「マリア会」創立の男子校セントジョセフ学院、さらに関東大震災後の一九二四年、横浜在住の外国人たちが創立した横浜インターナショナルスクールがあった。これらの学校では、ほぼ全員の教師が外国人であった。

一九四一年に入って日米開戦が避けがたい情勢となると、プロテスタント系のミッションスクールで働く外国人宣教師には、本国の宣教母体から帰国勧告が出された。フェリス女学校では、三月にミス・ザンダーをはじめとして七名のアメリカ人宣教師が帰国、事務処理のために残ったステゲマン元校長も、九月に長崎から上海《シャンハイ》経由で帰国した。横浜共立女学校でも、女性宣教師バレンタインが一〇月に、最後の引揚げ船氷川丸で帰国した。

しかし、横浜英和女学校では、在日三九年におよぶ元校長のハジスと、宣教師ウルフの女性二名が戦争の迫る横浜に残留した。ハジスは、残留する心境をその手記のなかでこう書いている。

私は要職に従っている、そしてその仕事を行なうことは以前にもまして今こそ必要である。その要職というのは、神が父であることを、またそれゆえに人類は兄弟であることを教える仕事であった。（『私たちのハジス先生』成美学園、一九六五年）

捜真女学校でも、エーカクとウォードの女性宣教師二名が残留した。関東学院では、ベニンホフら六名のアメリカ人宣教師が帰国したが、元理事長のアキスリング夫妻と男性宣教師のグレセットが残留した。いずれもキリスト教伝道と教育に強い使命感を持ち、長い年月、日本を愛してきた宣教師の苦渋の選択だった。

一方、カトリック系の学校では、駐日ローマ法王庁使節パウロ・マレラ大司教の意向により、高齢者や病弱者をのぞき、大多数の宣教師が残留した。カトリック修道会は、学校だけでなく病院や老人ホームを経営している場合もあり、伝道や教育のみならず、福祉・医療などの事業の継続が必要だったからである。横浜紅蘭女学校でも、アイルランド人のデニス修道女ほか、外国人修道女はほぼそのまま残留した。

私たちは日本の土になるべくして、神の御意志、会の命令で来たものであるから、自分の意志で故国に帰ることはできない（『八十周年記念誌』横浜雙葉学園、一九八〇年）

という強い自覚に支えられていた。

『大正昭和カトリック教会史3』（高木一雄、聖母の騎士社、一九八五年）によると、一九四一年に日本に在留したカトリック宣教団体は、男子一六修道会、女子二九修道会あり、一〇月二〇日の時点で、これらの修道会に属する宣教師は五九七名、修道者は三四二名にも及んだ。その多くはフランス人やドイツ人であったが、「敵性外国人」であるアメリカ人・カナダ人・アイルランド人なども多かった。

これら貿易商や宣教師の一団のほか、外交官や大使館員やその家族もその職責上当然残留した。したがって、一九四一年一二月時点で、日本全国に在住したアメリカ人は一〇四四名、イギリス人は六九〇名、さらにカナダ人一八八名、オランダ人一〇九名、オーストラリア人四一名、ベルギー人三八名、ノルウェー人一九名、ギリシャ人九名と、連合国側に属する外国人が計二一三八名も在住していた（『昭和十六年中における外事警察概況』前掲）。

一九四一年十二月八日——開戦と敵国人

抑留開始

一九四一（昭和一六）年一二月八日未明、日本陸軍はマレー半島コタバルに上陸、海軍はハワイ真珠湾奇襲攻撃を行ない、日本はついにアジア太平洋戦争に突入した。この日、日本在住のアメリカ人・イギリス人のすべてが、自らの意志と関わりなく、従来の「敵性外国人」から、完全な「敵国人」となってしまったのである。

一二月八日の開戦とともに、東京・横浜・大阪・神戸・長崎などで、いっせいに米・英・カナダなど敵国となった国の大使館と領事館が警察と憲兵隊によって封鎖され、電話線も切断された。公館員やその家族は、大使館や領事館、または領事自宅などに軟禁《なんきん》された。同時に、警察と憲兵隊によってスパイ容疑ありとされた外国人の、一斉検挙が行なわれた。そして八日から翌九日にかけて、敵国の国籍を持つ一般外国人の抑留が始まった。横浜市戸塚《とつか》区に住み、工業用ダイヤモンドの輸入業を経営していた東京生まれのイギリス人ウィリアム・デュアは、八日いつもどおり出勤した東京銀座の事務所で、その息子のシデンハム・デュアは登校した医科大学で、それぞれ特別高等警察により連行された。彼らは戸塚警察署に二日間ほど拘留された後、「神奈川第二抑留所」とされた横浜ヨットクラブに抑留された。自宅には私服の警察官が来て、家中を家宅捜索していった。

東京池袋の立教大学では、九日にアメリカ人教授ポール・ラッシュが、やはり六人の警察官に取り囲まれ、「警視庁抑留所」とされた田園調布の菫《すみれ》家政女学院に連行され、抑留された。熊本では、第五高等学校アメリカ人教師のロバート・クラウダーがスパイ容疑をかけられ、官舎から熊本警察北署に連行された。

一〇日のオランダへの宣戦布告によってオランダも敵国になると、翌一一日、横浜市中区に住むオランダ人貿易商ヘルマン・ドンカーカーチスは、自宅から「神奈川第一抑留所」とされた中区横浜競馬場へ連行されていった。全国各地でこうした光景が繰り広げられた。

当時の新聞をみると、九日付で「外人スパイ一斉検挙」という大見出しのもと「政府検察当局はかねて敵性諸国家の諜報謀略《ちょうほうぼうりゃく》活動覆滅《ふくめつ》のため内偵を続けていたが八日払暁《ふつぎょう》これが一斉検挙を断行……」という記事と、「善良な敵国外人は保護」という見出しで、

報道された敵国人抑留

我国が交戦状態に入つても一般国民が敵国人に対し徒《いたず》らに私憤に基く行動に出づるが如《ごと》きことは厳に慎んで戴《いただ》きたい、仮りに敵国一地方に於《おい》て我在留民が不当の取扱を受けつつありといふが如き報道が我国に伝えらるるが如き場合があつても、我国民は大いに自重し直ちに之に向つて報復的措置を講ずるやうなことのないやうな国民的な衿《きょう》（ママ）持《じ》が必要である……

（『朝日新聞』一九四一年一二月九日）

という内務次官談話が載せられている。そして一一日付では、「在留敵国人を収容　二百七十一名を数箇所に保護」という見出しで、次のような記事が発表された。

内務省では十日内地在留英米人の収容に関し左の如き当局談を発表したが、米国側在留邦人の抑留が多数に上つているに反し我方は老幼婦女子を除く最小限度の保護収容にとどめている【内務当局談】（十日午後六時発表）政府は昨九日までに内地在留の米国人および英国人（濠州人およびカナダ人を含む）約二百七十名を数箇所に収容せり

それらの保護および待遇について十分留意しおれり

（『朝日新聞』一九四一年一二月一一日）

敵国人は収容するが、アメリカで始まった大規模な邦人抑留と比較して、日本では限定的で保護的な抑留である、ということを強調している。

開戦時の抑留対象者

外国人の抑留は、実は開戦前からの周到な計画にもとづいて行なわれた。その監視取締にあたった内務省警保局外事課が毎月発行した内部資料『外事月報』によると、まず抑留の目的は、

戦時に際し敵国戦力の減殺《げんさい》に資すると共に諜報、宣伝、謀略等の秘密戦を封止すべき非常措置たるを本旨とし、併《あわ》せて当該外国人の保護警戒をも包含《ほうがん》すべきものなり。

としている。敵の戦力とならぬようスパイ活動などを防止する、そして敵国人となってしまった外国人の身柄を保護する、この二点が抑留の目的であった。この時期の抑留の対象者については、開戦直前の一九四一年一一月二八日に、内務省警保局より発せられた「外事関係非常措置に関する件」という通牒《つうちょう》に規定されている。これによると抑留対象者は、

（イ）敵国の軍籍にある者

（ロ）敵国人たる船員及び航空機の乗員又は其の資格ある者

（ハ）敵国人中一八歳以上四五歳までの男子
（ニ）特殊技能者（無電技師、軍需工場の技師等）
（ホ）検挙すべき者以外の外諜容疑者

（『外事月報』一九四一年一二月分、内務省警保局、不二出版、一九九四年）

であった。船員など一部の職種の人びと以外は、青壮年男子のみが抑留対象となっている。新聞報道にあるように、「老幼婦女子を除く」抑留というのが、政府の方針であった。

各県警察では、すでに七月から外国人の所在の確認を行なっており、抑留所の予定場所も決められていた。そして一二月八日のアジア太平洋戦争開戦と同時に、いっせいに外国人の抑留が開始されたのである。先の新聞報道では、抑留された外国人の人数は二七〇名となっていたが、『外事月報』によると、一二月末の時点で全国に三四二名の外国人が抑留された。その国籍は、イギリス一〇六名、アメリカ九三名、カナダ六七名、オランダ二三名、ベルギー一六名、ギリシャ一四名、その他の国々が二三名である。抑留対象者は青壮年男子と決められていたが、実際には、東北地方や岡山・広島・長崎などでは、修道女を中心に女性も多数抑留された。また、四五歳までという年齢の上限はほとんど守られず、五〇代、六〇代の男性も多数抑留された。

こうした民間人の抑留以外に、外交官として大使館や領事館内に軟禁された外国人が全国で二五八名、さらにスパイ容疑で警察や憲兵隊に検挙拘留された外国人が一〇五名いた。合計すれば全国で七〇〇名あまり、つまり在留した英米系外国人のほぼ三分の一がいっせいに身柄を拘束されたわけである。

全国に設置された抑留所

抑留された三四二名の外国人は、基本的にはその居住する都道府県内に抑留された。そのため、二七都道府県に計三四ヵ所の抑留所が設置された（表1参照）。

都道府県別にみると、抑留者がもっとも多かったのは横浜港を持つ神奈川県で、二ヵ所の抑留所を設置し、九三名を抑留した。次が宮城県で五三名、これは後述するようにほとんどがカトリックの神父や修道士で、本来抑留対象とされなかったはずの女性の修道女二七名を含んでいた。続いて兵庫県四四名、東京都三六名、長崎県二二名である。いずれも幕末明治期からの開港場であり、代々住み着いた外国人貿易商が活躍した地域であった。

抑留所には、教会や修道院、あるいは学校があてられることが多く、キリスト教関係施設が全三四ヵ所中一九ヵ所と半数以上を占めていた。これは、抑留外国人の多くがキリスト教宣教師であったこととも関係すると思われる。

表1　開戦時の抑留所・抑留人員

No	都道府県	抑留場所	人員	国籍別人員
1	北海道	室蘭市海岸町二七　創成館支店	1	イギリス1　ノルウェイ1
2		札幌市北十一条東三丁目　天使病院＊	1	
3	青森	青森市浜町八五　天主公教会＊	5	カナダ4　オランダ1
4	秋田	平鹿郡横手町四日町　横手基督教会＊	1	アメリカ1
5	岩手	盛岡市大澤川原小路七一　善隣館＊	13	アメリカ3　カナダ4　ベルギー6
6	宮城	仙台市元寺小路一六一　元寺小路教会＊	53	アメリカ11　イギリス2　カナダ40
7	福島	福島市狩野三　天主公教会＊	1	カナダ1
8	富山	高岡市中川七五九　高商官舎	1	イギリス1
9	石川	金沢市尻垂坂通り三―一四　十四番館	3	アメリカ1　イギリス1　カナダ1
10	群馬	前橋市百軒町四四五　福音伝道教会＊	5	イギリス3　カナダ2
11	栃木	宇都宮市松ヶ峰町一一二九	1	カナダ1
12	茨城	水戸市五軒町一二五三　水戸天主公教会＊	1	カナダ1
13	埼玉	浦和市常磐町六丁目一番地	2	カナダ2
14	東京	世田谷区玉川田園調布　董家政女学院＊	36	アメリカ13　イギリス9　カナダ5　オーストラリア1　オランダ5　ベルギー2　ホンジェラス1

15	神奈川	横浜市中区根岸蓑沢二九　横浜競馬場	59	アメリカ24　イギリス47　カナダ1　オランダ3　ギリシャ13　ノルウェイ3　旧ロシア2
16		横浜市中区新山下町三―七　横浜ヨットクラブ	34	
17	静岡	静岡市高松敷地二八五二	3	アメリカ3
18	三重	津市西堀端町二〇五八　天主公教会＊	1	アメリカ2
19		宇治山田市宮後町一七　日本基督教会＊	1	
20	滋賀	大津市馬場向畑	5	アメリカ4　オランダ1
21	京都	京都市中京区河原三条下ル　天主公教会＊	6	アメリカ4　カナダ1　ベルギー1
22	大阪	大阪市西区北掘江上通一―二五　讃岐ホテル	5	アメリカ2　イギリス2　日本1
23	奈良	奈良市登大路町一〇　天主公教会＊	1	アメリカ1
24	兵庫	神戸市灘区青谷町　カナダ学院	35	アメリカ6　イギリス25　オランダ8　ベルギー1　ギリシャ1　グァテマラ2　無国籍1
25		神戸市神戸区北野町一―二四　イースタンロッジ	9	
26	岡山	岡山市上伊福二六〇　清心高等女学院＊	12	アメリカ11　イギリス1
27	広島	双三郡三次町　愛光保健園＊	14	アメリカ1　イギリス3　ベルギー3　マレー1　旧ロシア6
28	島根	松江市北堀町八〇	1	アメリカ1
29	福岡	福岡市大濠町四九　カトリック研究所＊	4	カナダ4　フランス4
30		福岡市浄水通三九　カトリック福岡長館別館＊	4	

No.	都道府県	抑留場所	人員	国籍別人員
31	長崎	長崎市城山町　マリヤ学院＊	21	アメリカ5　イギリス4　カナダ6　オランダ4　ベルギー2
32	熊本	天草郡高浜村甲第一〇四七号	1	イギリス1　オランダ1　ベルギー1
33		天草郡久玉村三四五	1	
34		八代市長町八四　ナザレ園＊	1	
		合計	342人	

（イギリス100　アメリカ93　カナダ73　オランダ23　ベルギー16　ギリシャ14　その他23）

『外事月報』昭和一六年一二月分により作成。
＊印はキリスト教関係の施設を利用したもの（三四施設中一九）

青森県青森市では、カトリック浜町教会にカナダ人宣教師四名とオランダ人司祭一名が収容された。浜町教会は、一八八四年創立の青森県でもっとも古いカトリック教会であり、抑留されたカナダ人は、全員この地域でカトリックの布教活動をしていたドミニコ会の宣教師だった。宮城県仙台市では、元寺小路《もとてらこうじ》教会に五三名が抑留された。ここは一八七七年に創立され、青森・岩手・宮城・福島各県のカトリック教会をその管轄下に持つ、仙台教区の司教座聖堂である。抑留されたのは、宮城県内各地の教会や修道院で活動していた主にドミニコ会のカナダ人宣教師と聖ウルスラ会のカナダ人修道女だった。岡山県では、岡山市のノートルダム清心女学院付属の修道院に一二名のノートルダム修道会のアメリカ人、アイルランド人修道女が抑留された。彼女たちの抑留所は、もともと彼女たちが働いていた学校の敷地続きの修道院である。

また、岩手県盛岡市では、「善隣館《ぜんりんかん》」という幼稚園と英語学校を兼ねたキリスト教教育センターが抑留所とされた。ここはプロテスタントのアメリカ人宣教師ギルバート・シュレーヤが一九三一年に設立した施設で、同じ敷地内にシュレーヤの自宅もあった。シュレーヤはスパイ容疑で投獄されたが、家族は、住み慣れたこの善隣館に、岩手県内のカトリック修道女や宣教師とともに抑留された。

教会やキリスト教関係施設を抑留所にすることは、収容される宣教師らにとっては馴染みの場所であり、抑留のショックを多少なりとも和らげる効果があっただろう。また、抑留する警察にとっては「敵国財産」として簡単に接収できる都合のよい施設ということになる。一二月二二日には「敵産管理法」が正式に制定施行され、敵国財産は没収ではないが、終戦まで強制管理されることになったからである。

抑留者数が多い東京・神戸・長崎では、寄宿舎付きの学校が抑留所に使われた。東京では田園調布の菫《すみれ》家政女学院（現、田園調布雙葉《ふたば》学園）が抑留所とされたが、ここはカトリックの修道会「幼きイエス会」の経営で、東京四谷の雙葉女学校や横浜紅蘭《こうらん》女学校と同じ系列であった。神戸では、プロテスタントのカナダ・メソジスト教会が設立した外国人子弟のための学校であるカナダ学院（現、東灘区カナディアン・アカデミー）の寄宿舎が使われた。長崎では、浦上《うらかみ》にあったカトリックの女学校マリヤ学院が抑留所とされた（この学校は、その後原爆で完全に破壊された）。

もっとも多くの外国人を抑留した神奈川県では、教会でも学校でもなく、横浜市中区根《ね》岸《ぎし》の横浜競馬場付属建物と、外国人のスポーツクラブである「横浜ヨットクラブ」のクラブハウスが使われた。やはり「敵国財産」として接収しやすかったと思われる。大阪ではホテルが使われ、また島根県や熊本県のような抑留者の少ない県では、外国人の自宅をそのまま抑留所とする場合もあった。

突然の施設接収

抑留所に教会や学校などの施設を使用することは、各県警察にとっては予定の行動だったが、施設所有者にとっては、いずれも寝耳に水の大事件だった。真珠湾攻撃が厳重に秘匿《ひとく》されていたのと同じく、敵国人抑留も開始されるまで、まったくその情報は伏せられていたからである。

仙台市の元寺小路教会では、抑留所とされた当日の様子を、小野忠亮司祭が次のように記している。

一九四一年一二月八日の朝は、よく晴れてはいたが、北風が吹き飛雪が舞っていた。（中略）急いで帰ってみると、予想しなかった出来事が起こっていた。大勢の特高課の刑事たちが、グルリと司教館を取り巻き、司教をはじめ早坂師などの部屋へ土足のままで踏み入り、机や書棚の引出しをひっくり返して大騒ぎをやっているのではないか……。（中略）

まるで火事場跡のように荒された部屋にたたずみながら、やれやれと思う間もなく、今度は、「この司教館と司祭館を敵国人の収容所にすることがきまったから、即刻引渡す準備をせよ」との命令である。（中略）ところが移転がまだ終わらぬうちに、刑事達は収容する神父たちを徒歩で、また修道女たちをトラックにのせてつれてきたので、てんやわんやの騒ぎとなってしまった。

（『宮城県カトリック教会　百年のあゆみ』百年の歩み記念事業委員会、一九八一年）

また警視庁抑留所とされた菫家政女学院の状況はこうであった。

マダム方はその晩は夜通しで荷物をまとめました。それは百何十個という数にのぼりました。開けて九日の朝早く、軍からまわしてくれたトラックに数人のマダムが子供たちを乗せて東京駅に向い、そこから汽車で静岡に連れていきました。と思う間もなく、護送自動車が門前にとまり、敵側外人、すなわち太平洋戦争を始めたことによって敵となったアメリカ・イギリス・アイルランド等の外人男子、カトリックもプロテスタントも問わず、どんどん送り込まれてきたのです。

（『ふたば　創立二十五周年記念号』田園調布雙葉学園、一九六七年）

おそらく各抑留所ともこのような状況だったと思われる。

戦争初期の抑留生活

初期の抑留者たち――抑留第一期

一九四一（昭和一六）年一二月八日の開戦から翌一九四二年八月までの、主として青壮年男子を対象として抑留の行われた時期を、抑留第一期と考えたい。

「寛大な」待遇

では、この時期の抑留者の生活は、どのようなものだったのだろうか。当時の新聞をみると、「敵国人を我政府保護」という見出しで、抑留措置がいかに寛大であるかを、自信たっぷりに宣伝している。

開戦以来帝国政府は国内居住敵国人の生命財産保護に関しすこぶる寛大な処置に出《い》で花も実もある取扱ひぶりは敵国人の間にすら感謝の念を沸立《わきた》たせ、元米国上海《シャンハイ》総領事で北京に来ていたパトリックほか四、五名からは特に日本側の寛大な措置に関する謝意を本国政府へ通達してほしいとの申入れさへあるほどであるが、現在の待遇状況は大体左の如くである。

一、敵国人（米・英・加・濠）外交官はいづれも各大使館構内に収容安全に保護するはもちろん、外務省より連絡員一名を派して食糧供給、寝具持込み等を斡旋《あつせん》。必要の場合は医師の斡旋までも行ふ周到な注意を払つてゐる。またさきに内務省で発表した二百七十名の一般敵国人は某所に収容、待遇寛大を極め日常生活に何ら不自由のないよう保護を加へてゐる。なほより少数の敵国人一部は拘置をうけてゐるが、これに対する取扱ひもきはめて寛大である（下略）

（『朝日新聞』一九四一年一二月二〇日）

もちろん、このような新聞報道を、額面どおり受け取るわけにはいかない。実際はどうだったのかは順次述べるが、対戦国も、捕虜や民間人抑留者がどのように取り扱われるかを心配し、一九四一年一二月の開戦後、アメリカ、イギリスなどから利益代表国を通じて、捕虜の取扱いについては、一九二九年のジュネーヴ条約を適用するよう希望してきた。これに対し、外務省は同条約を準用することを回答したが、民間人抑留者に関しても一九四

二年三月六日付で、

抑留非戦闘員ニ関シテハ相手交戦国ト相互条件ノ下ニ能《あた》ウ限リ本条約ヲ準用スベキコト但《ただ》シ右ハ交戦国ガ抑留非戦闘員ノ自由意志ニ反シ労務ニ服セシメサルコトヲ条件トス

（外務省外交史料館資料）

という方針決定をし、交戦国政府に通報した。できるかぎりジュネーヴ条約を準用するが、さらに民間人抑留者には強制的な労働もさせないことを相互に条件としよう、という通知である。内務省当局としても当初は、国際法に準拠した待遇を行なう考えだったようである。

抑留した外国人の具体的待遇に関しては、一九四二年一月三〇日に内務省令「抑留敵国人取扱要綱」が制定された。第一条に、

敵国人の抑留は戦時に於ける非常防諜措置たると共に当該外国人の保護を以て本旨とす

と記して、抑留の目的を防諜と保護であると位置づけている。

第二条では抑留者の名誉を尊重し身体の保護に努むること、

第三条では信教の自由を認め抑留所での宗教行為を許容する、

と記している。さらに、抑留者の携帯品検査、抑留者との接見通信、郵便物の検閲、身の回り品の洗濯、傷病者への対応など、全部で第二九条まで細々とした取扱い上の規定が定められた。第一二条では原則として外部との接触を遮断するとしているが、

第一九条では家事整理のため一時帰宅を認めること、

第二〇条では運動の機会を与え、新聞雑誌の閲覧、ラジオの聴取を認めること

などが定められた。このとおりに実施されれば、比較的緩やかな待遇といえるかもしれない。

『外事月報』一九四一年一二月分によれば、抑留者の食事は、東京の警視庁抑留所では、東横百貨店食堂に一人一日一円五〇銭の契約で請け負わせて調理出前をさせ、神奈川・兵庫・長崎・宮城では指定した業者による配給、あるいは使用人による買出しにより食材を確保して、抑留者自身または使用人により調理させた。食材については、抑留者の日常生活や嗜好《しこう》を考慮して、牛肉・パン・牛乳・野菜・魚介類・砂糖・バター・馬鈴薯《ばれいしょ》などの調達配給に努力したという。

点呼は、午前八時・正午・午後八時の一日三回。入浴は、各室ごとに三日に一回の割合であった。抑留者には、国籍・氏名・番号を記載した白布を胸に着けさせ、国籍別に班長

を選挙させて、抑留者の親睦や清潔整頓、火災予防などに責任を持たせたという。

神奈川県警察部によれば、

各収容所共（中略）洋食調理ニ熟達セルコック雑役婦ヲ常置シ可及的《かきゅうてき》平常生活ニ近似シタル栄養ヲ給与シツツアリ（中略）規律的ナル生活以外適宜自由時間ヲ選ビ野球其ノ他運動ヲ行ハシメ、新聞書籍雑誌ラジオニュース等弊害ナキモノヲ娯楽トシ与へ、又一週一回ノ健康診断家族ヨリノ食料品嗜好品等ノ差入及面会ヲ許容シ（下略）

（「大東亜戦争勃発ニ伴フ外事警察非常措置情況」国立公文書館資料）

と、抑留所の待遇のよさを強調している。さらに四二年四月二日には、神奈川第一と第二抑留所の抑留者合わせて七九名を、中区本牧《ほんもく》の三溪園《さんけいえん》に連れ出して観桜慰安会を催し、園内では花見や散策だけでなく家族との面会の機会も与えて、抑留者に絶大な感銘を与えたという（『外事月報』一九四二年四月分）。

神奈川第二抑留所に抑留されたJ・B・ハリスの自伝には、次のように記されている。

ここでは取り調べはいっさいなく、一週間に一度くらいの割合で面会も許された。夜具や身のまわりのものも自由に持ちこめ、差し入れも特殊なものでなければ思いのままだったから、それぞれふところ具合に応じた生活を送ることができた。……パンとスープはほとんど毎日出たし、警察の留置場でおなじみになったイワシのフィッシュ・ボールも、慣れてみればそれほどまずいものではなかった。

（J・B・ハリス『ぼくは日本兵だった』旺文社、一九八六年）

ハリスは、日曜日にはカトリックのミサとプロテスタントの礼拝に出席し、ソフトボールやサッカーのボール蹴りに時間をつぶした。第一期の抑留生活は、開戦から数ヵ月のあいだ、戦勝ムードの続くなかで、抑留者の取扱いにもまだゆとりがあったようである。

しかし、衣食住が満たされているから抑留生活が辛くないとは、もちろんいえない。盛岡市で抑留されていたシュレーヤ夫人は、病気がちの娘のための卵が手に入らず、警備の警察官が抑留者の食料をときどきくすねることに悩まされていた（コーネリア・シュレーヤ、ギルバート・シュレーヤ『嵐の中を』日本基督教団出版局、一九九一年）。

大阪府抑留所とされた讃岐《さぬき》ホテルでは、抑留者の自殺が起こった。亡くなったのは神戸在住のイギリス人会社役員（四八歳）で、二月一七日、ホテル屋上から飛び降り自殺をしたのである。自殺の原因は、開戦時の検挙から抑留による禁酒と愛犬の死に衝撃を受け、さらにシンガポール陥落によりイギリスの前途に絶望し、極度の悲痛感から死を選んだ、というのが警察の解釈である（『外事月報』一九四二年四月分）。抑留政策による初の犠牲者といえよう。

神奈川第一・第二抑留所

この時期に実際に抑留された人びとを、抑留所別にみてみよう。まず神奈川県では、開戦時にアメリカ人二四名、イギリス人四七名、カナダ人一名、オランダ人三名、ギリシャ人一三名、ノルウェー人三名、旧ロシア人二名、の合計九三名が抑留された。九三名というのは全国最多数であり、全抑留者のうち二七%を占めている。

このうち五九名の外国人が抑留された「神奈川第一抑留所」は、横浜市中区根岸蓑沢《ねぎしみのさわ》二九の横浜競馬場付属建物を接収したものだった。横浜競馬場は、一八六六（慶応二）年江戸幕府が諸外国と結んだ「横浜居留地改造及競馬場墓地等約書」にもとづいて同年創設されたもので、日本で一番古い歴史のある競馬場である。戦争当時のスタンドは、一九三〇年アメリカ人建築家J・H・モーガンの設計で完成した、東洋一といわれる立派なものだった。抑留所にされた建物は平屋建ての洋館で、競馬シーズンの騎手控え室として建設されたものだった。

残り三四名が抑留された「神奈川第二抑留所」は、横浜市中区新山下町三丁目七番の横浜ヨットクラブのクラブハウスを接収したものだった。横浜ヨットクラブは、横浜山手居留地の外国人たちによって一八八六年「横浜アマチュア・ローイングクラブ」として創設された会員制スポーツクラブで、一八九六年「横浜ヨットクラブ」と改称された。当時のクラブハウスは、一九四〇年開催予定だった東京オリンピックに備えて建設された、新山下町のヨットハーバーの一画に建てられた鉄筋コンクリート二階建、建坪約一八二坪の建物だった。

九三名の抑留者のうち、アメリカ人二名、イギリス人八名、ノルウェー人二名の計一二名が、一九四二年五月までに老齢や憲兵隊による検挙のため抑留を解除され、五月末の神奈川県における抑留者数は八一名となった。この八一名については、神奈川県外事部による「大東亜戦争勃発ニ伴フ外事警察非常措置情況」(国立公文書館資料)に名簿が掲載されている。この名簿から、国籍・氏名・職業・年齢を一覧表にすると表2・3のようになる。備考欄には、『外事月報』や、終戦時の抑留者名簿(国立公文書館資料)などによって判明した、各抑留者のその後の動きを記した。この表をもとに、神奈川第一および第二抑留所の抑留者の特徴について分析してみよう。

まず抑留者の性別は、全員男子である。最年少は表3の第二抑留所に抑留された二二歳、次が二三歳だが、この人物は、先に開戦当日の様子を紹介した医学生シデンハム・デュア

表2　神奈川第一抑留所（横浜競馬場）抑留者名簿（一九四二年五月）

No.	国籍	氏名(年齢)	職業	備考
1	アメリカ	ジョセフ・クィニ(50)	前フォード社員	内山へ抑留
2		ゼームス・D・ミラー(55)	アイザック商会	内山へ抑留
3		ジョセフ・ブランドマイヤー(27)	セントジョセフ教師	第一次日米交換船帰国
4		エドワード・パーク(73)	ヘルム商会員	内山へ抑留・死亡
5		ハリー・ブライデン(62)	フォード社員	内山へ抑留
6		フレッド・ゴールデン(71)	フォード社守衛	内山へ抑留。第二次日米交換船帰国
7		フランク・マックニークル(53)	スタンダード石油社員	第二次日米交換船帰国
8		ウィリアム・アブロマチス(54)	セントジョセフ教師	第一次日米交換船帰国
9		P・H・キップ(45)	スタンダード石油社員	第一次日米交換船帰国
10		E・L・ステブンソン(65)	無職	第一次日米交換船帰国
11		W・A・ラフイン(40)	フォード社員	第一次日米交換船帰国米兵として戦死
12		ジョン・ミットワール(41)	無職	内山へ抑留
13		フランク・ジョナー・ケーキ(41)	音楽師	内山へ抑留・死亡
14		アロインス・M・ソーデン(35)	セントジョセフ教師	第一次日米交換船帰国
15		ジョン・ケスラー(37)	セントジョセフ教師	第一次日米交換船帰国
16		ゼラール・グドミドル(29)	セントジョセフ教師	第一次日米交換船帰国
17	イギリス	ジョージ・ウィル・モス(49)	貿易商	内山へ抑留
18		アルフレッド・シモイス(54)	スタンダード石油社員	内山へ抑留
19		スタンレー・グリッグス(41)	慶応義塾大学予科講師	内山へ抑留
20		ウィリアム・H・ブレミー(24)	ワーナー映画社員	内山へ抑留
21		H・C・レッパー(49)	技師	内山へ抑留

22		ギルハム・ダコスタ(55)	東洋バブコック社員	内山へ抑留
23		A・M・カーデュウ(62)	ライジングサン石油社員	内山へ抑留・死亡
24		アーネスト・ストラッド(42)	セール商会主	内山へ抑留
25		H・レフィバー(51)	ライジングサン石油社員	日英交換船帰国
26		W・A・トムリンソン(66)	ライジングサン石油社員	日英交換船帰国
27		M・D・ラッセル(32)	カルノ商会員	日英交換船帰国
28		ハリー・リチャードソン(63)	無職	内山へ抑留
29		フレデリック・ダシルバー(40)	アンドレスジョージ会社	内山へ抑留
30		エドワード・ダウン(38)	弁天通橋本商店	内山へ抑留
31		D・L・アベー(58)	横浜ユナイテッドクラブ書記	内山へ抑留
32		H・N・レーパー(41)	ユニオン海上保険	日英交換船帰国
33		ジョージ・ウッドラフ(59)	ダウン商会	内山へ抑留
34		ジョージ・サルター(34)	会社員	日英交換船帰国
35		ヒュー・ウォーカー(34)	無職	内山へ抑留
36		ジョージ・ビーテ(25)	東京高等学校講師	内山へ抑留
37	ギリシャ	E・ウラソブラス(30)	エラト号船長	東京へ抑留→日英交換船帰国
38		E・ハジカキス(42)	エラト号船員	東京へ抑留→埼玉へ抑留
39		S・ヤンニューラトス(31)	エラト号船員	東京へ抑留→埼玉へ抑留
40		E・タトラサンダス(40)	エラト号船員	東京へ抑留→埼玉へ抑留
41		A・ケラミーニース(30)	エラト号船員	東京へ抑留→日英交換船帰国
42		M・ツォーブロカキス(30)	エラト号船員	東京へ抑留→日英交換船帰国
43		N・パパングレー(37)	エラト号船員	東京へ抑留→埼玉へ抑留
44		D・スパサミス(53)	ベアトリス号船員	東京へ抑留→埼玉へ抑留
45		P・ボナリス(41)	ヴァレンタイン号船長	東京へ抑留→埼玉へ抑留

№	国籍	氏名(年齢)	職業	備考
46	ギリシャ	N・パパディアス(45)	ヴァレンタイン号船員	東京へ抑留→埼玉へ抑留
47		A・ヒトポウラス(32)	ヴァレンタイン号船員	内山へ抑留
48	オランダ	A・A・クローフ(67)	ベアトリス号船長	日英交換船帰国
49		J・G・T・ヤンジ(38)	ベアトリス号船員	日英交換船帰国
50		H・ドンカーカーチス(54)	会社経営	内山へ抑留。一九四三年八月解除
51	旧ロシア	F・V・フロロフ(41)	ベアトリス号船員	東京へ抑留→一九四二年九月解除
52		P・カハナブスキー(25)	ヴァレンタイン号船員	東京へ抑留→一九四二年九月解除
53	ノルウェイ	K・W・ニクイスト(52)	フォッシュ号船長	東京へ抑留→日英交換船帰国

国籍・年齢・職業、その他は、「大東亜戦争勃発ニ伴フ外事警察非常措置情況」によって記載した。その後の経過は『外事月報』および終戦時抑留者名簿によって作成した。

である（本書二一一ページ参照）。平均年齢は約四四歳で、四六歳以上が三二名を占め、最高齢者は七三歳である。高齢者が多く、四五歳までという内務省の抑留方針は、ほとんど守られていないようである。

表2のうち、一一名のギリシャ人全員とオランダ人のうち二人、旧ロシア人ノルウェー人の計一六名は、いずれも開戦時横浜港に停泊していた外国船の船長あるいは高級船員である。エラト号とヴァレンタイン号はギリシャ船籍、ベアトリス号はオランダ船籍、フォ

ッシュ号はパナマ船籍で、一二月八日朝、横浜駐在海軍武官府と横浜水上警察の協力によって敵国船として臨検、拿捕《だほ》された。この時、下級船員は全員中国人であったため抑留されなかったが、船長や高級船員は水上警察で取調べの後、神奈川第一抑留所で抑留扱いになったのである。彼らにとって、突然船を下ろされ、日本で長期の抑留生活を強いられたのは、何とも不本意なことだったろう。これら拿捕船員のうち二名の旧ロシア人は、ロシア革命のときにソヴィエト政府に反抗したいわゆる白系ロシア人で、ソヴィエト政府から旅券の発行を受けられず、無国籍となっていた。

当時、横浜や神戸には、このような革命を逃れて渡来した旧ロシア人がさまざまな職業について生活していたが、彼らは基本的には敵国人とみなされず、抑留の対象にもならなかった。したがって、拿捕船員中の二名の旧ロシア人も、その後一九四二年九月に敵国人に相当しないという理由で解放された。

表3のうち、職業欄に（龍田丸《たつたまる》）と記したアメリカ人四名とイギリス人三名の計七名は、特別引揚げ船として開戦直前に横浜港を出航した龍田丸の乗客であった。龍田丸は一二月二日、引揚げ外国人と渡米日本人計一三七名を乗せて横浜を出航し、サンフランシスコに向かったが、途中で一二月八日の日米開戦となり、急遽《きゅうきょ》船首をめぐらせて横浜港に引き

表3　神奈川第二抑留所（横浜ヨットクラブ）抑留者名簿（一九四二年五月）

No.	国籍	氏名(年齢)	職業	備考
1	アメリカ	ゴードン・W・トムソン(40)	ニューヨークNC銀行員	第一次日米交換船帰国
2		アーネスト・L・ヴェスト(44)	シンガーミシン社員	第一次日米交換船帰国
3		L・D・メープル(38)	米農務省技師（龍田丸）	不明
4		C・K・パーカー(44)	大阪高商講師（龍田丸）	第一次日米交換船帰国
5		L・W・ムーア(44)	宣教師（龍田丸）	第一次日米交換船帰国
6		J・C・スミス(34)	宣教師（龍田丸）	第一次日米交換船帰国
7	イギリス	チャールス・W・ビッドル(46)	大連ニューヨークNC銀行員	大連より四月一〇日来日、第一次日米交換船帰国
8		チャールズ・H・モス(54)	洋酒輸入商	内山へ抑留
9		マーフィ・ターナー(51)	スタンダード石油社員	日英交換船帰国
10		D・C・チルバーン(45)	スタンダード石油社員	不明
11		ジョアキン・ゴメス(33)	東神貿易商会員	内山へ抑留
12		ゼラルド・ゴメス(31)	ウィトコスキー商会員	内山へ抑留
13		ジョン・ゴメス(22)	学生	内山へ抑留
14		ジョン・マクドナルド(41)	スタンダード石油社員	日英交換船帰国
15		K・W・ジョンス(34)	チャータード銀行員	日英交換船帰国
16		A・E・ステブンス(66)	無職	日英交換船帰国
17		ウィリアム・Y・デュア(50)	宝石輸入商	内山へ抑留
18		シデンハム・Y・デュア(23)	学生	内山へ抑留
19		ジェームス・ハリス(26)	ジャパンアドバタイザー社員	一九四二年七月、日本国籍確認のため解除
20		ウィリアム・フェーゲン(46)	元フォード社員	内山へ抑留

21		W・サルター(36)	東京モリス商会員	日英交換船帰国
22		アラン・タイゼリッチ(54)	東京商大講師	内山へ抑留
23		H・G・ブルール(58)	東京商大予科講師	内山へ抑留・死亡
24		J・W・パルマー(38)	会社員（龍田丸）	不明
25		C・H・ネルソン(47)	石綿輸入商（龍田丸）	日英交換船帰国
26		K・J・ライト(36)	宣教師（龍田丸）	日英交換船帰国
27	ギリシャ	ソデリオ・コパノス(39)	輸入商	日英交換船帰国
28		コンスタンチン・リスアニデー(52)	輸入商	内山へ抑留

国籍・年齢・職業、その他は、「大東亜戦争勃発ニ伴フ外事警察非常措置情況」によって記載した。その後の経過は『外事月報』および終戦時抑留者名簿によって作成した。

返した。真珠湾攻撃をカモフラージュするための偽装航海だったといわれる（『日本郵船戦時戦史 上』日本郵船株式会社、一九七一年）。

一二月一五日に横浜港に帰還したが、龍田丸の乗客のうち、外国公館員はそれぞれの大使館公使館に戻され、それ以外の外国人の一部は、神奈川第二抑留所に抑留された。抑留されたアメリカ人のうち、大阪高等商業学校講師パーカーと宣教師ムーア、イギリス人の石綿輸入商ネルソンはもともと神戸市在住だったし、イギリス人宣教師ライトと明治学院教師スミスは東京在住だった（『外事月報』一九四二年六月・七月分）。本国に帰れる最後のチャンスのはずが、住んでいたわけでもない横浜で抑留されてしまったのは、不運というほかはない。また、表3のうち、大連《だいれん》ニューヨークN《ナシヨナルシテイ》C銀行員のイギリス人は、四二年四月になって大連から横浜に引揚げてきた人物である。

したがって、これら二四名を差し引いた残り五七名が、従来から神奈川県に在住していた外国人ということになる。五七名のうち五五名が横浜市内に住所をもち、そのうち五〇名までが旧居留地のあった中区の住人であった。

横浜生まれの外国人

これら神奈川県在住の外国人の職業をみると、フォード自動車五名、スタンダード石油六名、ライジングサン石油三名など、アメリカ・イギリス企業の社員が二〇名、ついで貿易商関係と思われる人が一五名、教師が九名となっている。教師のうち五名は中区山手のセントジョセフ学院の教師で、同校を運営するカトリック修道会マリア会の修道士でもあった。外国企業が拠点とし、外国人が多く住み着いていた横浜の特徴が現れている。

神奈川第二抑留所に父とともに抑留されたシデンハム・デュアは、祖父の代に来日して以来、在日三代目のイギリス人であった。ジャパン・タイムズ記者で神戸生まれのJ・B・ハリスも、デュアとともにセントジョセフ学院で学んだ横浜育ちだった。おなじ抑留所には、セントジョセフで同窓のゴメス三兄弟もいた。また、横浜生まれのイギリス人で洋酒輸入商のチャールズ・モス、長崎生まれでスポーツジャーナリストとしても知られたフォード自動車部長ウィリアム・フェーゲンもいた。

神奈川第一抑留所のほうには、チャールズ・モスの弟で貿易商のジョージ・モス、横浜生まれのフォード自動車部長ウィリアム・ラフィン、横浜の外国人親睦組織「横浜ユナイテッドクラブ」の書記D・L・アベー、幕末のオランダ商館長ドンケルクルチウスの孫ヘルマン・ドンカーカーチスなど、横浜の外国人社会の中心となって活躍してきた人びとが抑留されていた。

このように、親の代から日本に住み、横浜に根を張った外国人の場合、戦争が迫っても財産処分の問題などから帰国できずに、結果として抑留されてしまった人が多い。この時点では女性は抑留されていなかったので、彼らには妻子が面会や差し入れに通ってくることが多かった。この時期には、面会は一週間に一度の割合で許可されていた。

現在も横浜市中区に在住のオランダ人ボードウィン・ドンカーカーチス氏は、開戦当時一二歳だったため、抑留を免れた。父ヘルマン・ドンカーカーチスが根岸《ねぎし》の横浜競馬場に抑留されているあいだは、毎週一回、母（日本人）や妹とともに父のもとに面会に行ったという。冬雪の積もる中、競馬場の門の前で受付を待つあいだ寒かったこと、そして差し入れのお弁当を警備の警察官が開いて、食べ物の下に何か隠していないかと、フォークのようなものでザクザク突付くのがとても嫌だったそうである（二〇〇七年五月聞き取り）。

それでも、拿捕船員や龍田丸乗船の抑留者からみれば、短い時間でも家族と会える横浜の抑留者は、まだ恵まれていたといえるかもしれない。

東京の抑留者たち

東京都では、本書三一ページで建物接収時の状況を述べたように、世田谷区玉川田園調布の菫《すみれ》家政女学院（現、田園調布雙葉学園）の、校舎二階の寄宿舎だった部屋が抑留所にあてられた。

抑留者は、だいたい国籍別に一部屋に収容された。食事は抑留所で用意されるもの以外に、二階に仮設されたキッチンを使用して自分たちで作ることもでき、豊富な差し入れで補うこともできた。開戦時に抑留されたのは、アメリカ人一三名、イギリス人九名、カナダ人五名、オランダ人五名、ベルギー人二名、オーストラリア人一名、ホンジェラス人一名の計三六名だった。その後、イギリス人が一名抑留に加えられ、三七名となったが、その名簿が『外事月報一九四二年二月分』に掲載されている。この名簿から、抑留者の国籍・氏名・職業・年齢を一覧表にすると、表4のようになる。備考欄には『外事月報』、国立公文書館所蔵資料などによって判明した、各抑留者のその後の動きを記した。

東京の抑留者三七名もすべて男性で、平均年齢は四三歳、最高齢者は七六歳である。抑留対象を「一八歳以上四五歳まで」とする内務省通牒《つうちょう》は、ここでも守られていない。職業としては、宣教師と修道士が一五名と全体の四割を占めている。

五名のカナダ人は、全員同じフランシスコ会の宣教師である。他は教師八名、ジャーナリスト五名、会社員五名、その他四名である。プロテスタントの宣教師には「清里の父」として知られる立教大学教授ポール・ラッシュや、明治学院大学講師ハワード・ハナフォード、カトリック宣教師には考古学研究者としても知られるオランダ人神父ジェラード・グロートが含まれている。また、青山学院講師ローランド・ハーカーや、ロシア人でオーストラリア国籍の音楽家ポール・ヴィノグラドフ、東京抑留所の状況をアメリカで報道したUP通信員ロバート・ベライアも含まれている。文化人やジャーナリストの割合が高いところに、首都東京の特徴が現れているといえよう。

東京抑留所にこの時期抑留されたポール・ラッシュの伝記には、

数日ほどして抑留者たちの混乱がおさまると、人格の尊重、信教の自由、新聞購読の自由など、周囲に有刺鉄線はあるものの一応は通常の生活が保障されることが分かった。そうであれば、抑留所は大人の冬休みキャンプ場に等しい。……外部からの差し

表4　東京抑留所（菫家政女学院）抑留者名簿（一九四二年二月）

No	国籍	氏名（年齢）	職業	備考
1	アメリカ	チャールズ・ドレーヤー（39）	ジャパンニュースウィークリー＊	埼玉抑留所へ
2		ハリー・T・スティルマン（39）	会社員＊	埼玉抑留所へ
3		ポール・F・ラッシュ（45）	宣教師（立教大学教授）	第一次日米交換船帰国
4		ロバート・T・ベライア（29）	UP通信員	第一次日米交換船帰国
5		ジョセフ・ダイナン（31）	AP通信員	第一次日米交換船帰国
6		ハワード・D・ハナフォード（65）	宣教師（明治学院講師）	第一次日米交換船帰国
7		テオドル・D・ウォルサー（54）	宣教師	第一次日米交換船帰国
8		C・M・クライトン（25）	インター通信員	第一次日米交換船帰国
9		A・W・マッコイ（33）	教師（東京商大講師）	第一次日米交換船帰国
10		ウィリアム・M・ガロット（31）	宣教師	第一次日米交換船帰国
11		L・W・チェンバレン（47）	ナショナルシティー銀行＊	第一次日米交換船帰国
12		チャールズ・W・ヘブナー（56）	宣教師（ルーテル派）	第一次日米交換船帰国
13		ローランド・ハーカー（30）	教師（青山学院講師）	第二次日米交換船帰国
14	イギリス	ハーバート・ヒューズ（54）	機械技師（三菱）＊	埼玉抑留所へ
15		イワン・クロスランド・ベル（42）	教授＊	埼玉抑留所へ
16		A・R・カット（76）	通信員＊	埼玉抑留所へ
17		デビッド・E・デビス（40）	宣教師	日英交換船帰国
18		アルバート・S・ホンビー（44）	教師	日英交換船帰国
19		フランク・ハーバート・リー（73）	教師	日英交換船帰国
20		ギルバート・キング（36）	会社員	日英交換船帰国
21		マイナード・C・ダンカン（38）	銀行員	日英交換船帰国

22		ジェームス・サージャント(38)	教師	埼玉抑留所へ
23		グレーム・カリープ・マーター(59)	元教師歩兵中尉	日英交換船帰国
24	カナダ	ヨハン・ベルクマン・プレボ(38)	修道士	埼玉抑留所へ
25		クレマン・ヒン(43)	宣教師	第一次日米交換船帰国
26		ピアーレ・P・シャルボー(41)	宣教師	埼玉抑留所へ
27		ロミオ・コルミエ(28)	宣教師	埼玉抑留所へ
28		ウバルト・ゲルデン(31)	宣教師	埼玉抑留所へ
29	オランダ	ウィリアム・ヘイブロック(年齢不明)	銀行員*	日英交換船帰国
30		ジェラルト・グロート(36)	宣教師・考古学者	埼玉抑留所へ
31		ヘンリー・ファン・ストラーレン(40)	宣教師	日英交換船帰国
32		ヘンリック・デークレフ(32)	宣教師サレジオ会	日英交換船帰国
33		アルホンゾ・F・ヘック(32)	貿易商	日英交換船帰国
34	ベルギー	ユレスボン・オベルメン(43)	教師	埼玉抑留所
35		ガストン・デューメ(46)	宣教師サレジオ会	日英交換船帰国
36	オーストラリア	ポール・ヴィノグラドフ(54)	音楽家	一九四二年三月二一日、抑留解除
37	ホンジェラス	ルドルフ・サンマルチン(49)	教師	第一次日米交換船帰国

国籍・職業、その他は、『外事月報』一九四二年二月分により記載した。

年齢は、『外事月報』一九四二年六月七月分記載の交換船帰国者名簿と、国立公文書館所蔵の終戦時抑留者名簿から推定した。その後の経過は、『外事月報』および終戦時抑留者名簿によって作成した。職業欄の*は、日本人家族あり。

入れが可能だと分かるとパン、バター、ミルク、肉など食糧難の中で教え子たちが調達した豊富な品物を宅間《たくま》が持参した

（山梨日日新聞社『清里の父　ポール・ラッシュ伝』ユニバース出版社、一九九三年）

とある。

ポール・ラッシュは、抑留所内で『スミレ・サマリー』と題する新聞を作り、クリスマスには、友人の澤田美喜《さわだみき》（岩崎弥太郎の孫、後にエリザベス・サンダースホーム設立）から七面鳥の差し入れをもらい、また、ポーカーを楽しんだ。校舎一階には卓球台が置かれ、時には警備の警察官まで加わって卓球のトーナメントが行なわれたという。

抑留された修道女

この時期には、東京・横浜・神戸などの都市部では、女性は一人も抑留されていない。横浜のミッションスクール横浜英和女学校では、元校長だったアメリカ人オリーブ・I・ハジスと宣教師エヴェリン・ウルフが、一二月八日、勤務先の学校で神奈川県警察部の特高刑事二名の訪問を受けた。彼らの態度は穏やかで、軍の目標地点に近づかないこと、神奈川県内から出ないように、という指示を与えられただけだった（『わたしたちのハジス先生』前掲）。

しかし、地域によって、女性の扱いは異なっていた。本書三一ページに接収時の混乱ぶ

りを紹介した仙台市元寺小路《もとてらこうじ》教会では、アメリカ人一一名、イギリス人二名、カナダ人四〇名の計五三名が抑留されたが、そのうち二七名のカナダ人は、ウルスラ会や善き牧舎修道会などの修道女である。そして残りのカナダ人男子一三名は、全員がドミニコ会カナダ管区の司祭や修道士だった。当時、東北地方ではカトリックの宣教が盛んで、しかも宮城県は、青森県・岩手県・福島県までを宣教範囲としていたカナダ系のドミニコ会の拠点だった。一方、秋田県と山形県はドイツ系の神言会の宣教範囲だったため、神父や修道士も同盟国であるドイツ人で、抑留されることはなかった。

男子を抑留対象としたこの時期に、なぜ多数の修道女が抑留されたのか、その理由はわからない。しかし、彼女たちの抑留が、抑留方針から逸脱していることに特高警察も気がついたのか、翌四二年五月一三日付で、修道女たちは「抑留事由解消」という理由で全員抑留解除となっている。その一ヵ月ほど前の四月七日、アメリカの利益代表国であるスイス公使館員が仙台市内の抑留所を訪問しているので、あるいはこれと関係があるのかもしれない。

岩手県盛岡市でも、開戦時に善隣館《ぜんりんかん》に抑留された一三名の外国人のなかには、アメリカ人宣教師シュレーヤの妻と二人の娘、ベルギー人の修道女六人、そしてプロテスタント、バプテスト派のアメリカ人女性宣教師タマシン・アレンの計一〇名の女性が含まれていた（『嵐の中を』前掲）。岡山県では、ノートルダム清心女学校の修道院を憲兵が捜索し、院長シスター、メリー・コスカ以下、一一名のアメリカ人修道女と一名のアイルランド人修道女を修道院内に軟禁《なんきん》した。修道院の窓には灯火管制《とうかかんせい》の暗幕が張られ、修道女たちは、外出はおろか、同じ敷地内の学校にも寄宿舎にも一切出入りを禁止された（『清心学園百年史』清心学園、一九八五年）。

広島県双三《ふたみ》郡三次《みよし》町（現、三次市）の抑留所（愛光保健園）では、一四名が抑留されたが、広島大学の教授二名、イギリス人軍医、イエズス会のゴーセンス修道士など八名の男性に加え、アイルランド人二名ベルギー人二名の修道女と、プロテスタントのアメリカ人女性宣教師二名、計六名の女性がいた（和田勝恵「愛光園の人々」『文芸ひろしま第一五号』広島市文化振興事業団、一九九六年）。群馬県や長崎県でも女性が抑留された。

抑留された女性は、ほぼ全員修道女か宣教師（またはその家族）に限られている。彼女たちの抑留は、とくに地方において外事警察が抱いていた、キリスト教に対する根深い警戒感の現れとも考えられる。

神戸と長崎

兵庫県抑留所には一二月の開戦時点で、アメリカ人六名、イギリス人二五名、オランダ人八名、グアテマラ人二名、ベルギー人一名、ギリシャ人一名、無国籍一名の計四四名が抑留された。抑留者数は、神奈川・宮城に次いで全国三番目に多い。抑留所とされたのは、神戸市灘区青谷町カナダ学院寄宿舎（兵庫県第一抑留所）と、神戸区（現、中央区）北野町一ノ二四イースタンロッジ（兵庫県第二抑留所）である。

カナダ学院は、一九一三年にカナダ・メソジスト教会によって設立されたインターナショナルスクールである。宣教師など外国人子弟の通う学校で、カナダ人外交官で歴史家としても著名なハーバート・ノーマンもここの卒業だった。神戸市郊外のこの学校の寄宿舎に三五名が抑留された。

イースタンロッジは、三宮の市街地を見下ろす北野町の外国人住宅街のなかにあるインド人経営のホテルで、ここに九名が抑留された。

神戸の開戦時の抑留者の詳細は不明だが、終戦時の名簿と交換船帰還者の名簿から推定すると、外国企業の社員や貿易商や教師が多く、その点では東京都や神奈川県の場合と似かよっている。

また、兵庫県では開戦時に民間人の抑留だけでなく、スパイ容疑で警察と憲兵隊に計二七名（アメリカ人二名、イギリス人一三名、オランダ人六名、フランス人三名、インド人二名、ポルトガル人一名）の外国人がいっせいに検挙拘留された。これは神奈川県で検挙された三五名に次いで多く、他の県と比べ、群を抜いている。それだけ日本人社会との接触の深い外国人が多かったのだと思われる。

長崎県では一二月九日、長崎市内浦上《うらかみ》天主堂の近くにあったカトリックの女学校マリヤ学院（長崎市城山町一―一四）を接収して、アメリカ人五名、イギリス人四名、カナダ人六名、オランダ人四名、ベルギー人二名の計二一名の外国人が抑留された。長崎抑留所の二一名という数は、横浜・仙台・神戸・東京につづく全国で五番目である。抑留者のうち、カナダ人六名は、全員カトリックのフランシスコ会宣教師である。また、アメリカ人のなかには、女性で七六歳のプロテスタント改革派宣教師サラ・カウチも含まれていた。サラ・カウチは一八九二（明治二五）年に来日し、長崎のミッションスクールスタージス・セミナリー（現、梅光女学院）に奉職し教頭を勤めた。一九一四年学校が下関に移ってからは、学校を離れ長崎地区の婦人達を対象に伝道活動に専念していた（レイン・アーンズ『長崎居留地の西洋人』長崎文献社、二〇〇二年）。

長崎も、横浜と同じく幕末以来、貿易などの事業に従事して長年日本に根を張った外国人が住んでいた。幕末に来日し茶の輸出業などを営んだイギリス人フレデリック・リンガーはその代表である。一八六八年ホーム・リンガー商会を設立し、息子の代まで明治・大正・昭和と実業家として活躍した。リンガー商会を継いでいたフレデリック・リンガーは開戦前の一九四〇年に亡くなったが、その妻アルセディー・イバ・リンガーは、六四歳という年齢にもかかわらず、開戦時に検挙され、四二年四月からは長崎で抑留された。グラバー邸で有名なイギリス人貿易商トーマス・グラバーの息子トーマス（倉場富三郎）は、日本国籍を持っていたため抑留を免れることができた。しかし戦争中は憲兵隊による非常に厳しい監視を受けることになった（ブライアン・バークガフニ『花と霜グラバー家の人々』長崎文献社、一九八九年）。

占領地から連行された民間人

グアム島から神戸へ

これまで見てきたように、開戦時に日本各地に設けられた敵国人抑留所は、戦争前から日本に在留している外国人を収容するためのものだった。ところが、アジア太平洋戦争の進展にともなって、日本軍が東南アジアや太平洋の島々を占領すると、占領地から捕虜とともに戦渦に巻き込まれた民間人が、連行されてくるようになった。その第一陣は、グアム島のアメリカ人だった。

日本軍が、アメリカ海軍の航空基地であるグアム島に上陸、占領したのは、開戦のわずか二日後の一九四一（昭和一六）年一二月一〇日であった。グアム島は、その約六ヵ月前からアメリカ軍の航空潜水艦基地として、大規模な計画のもとに工事中だった。在島のアメリカ人は一〇月一五日に家族を全部本国に帰し、後に残ったのは軍人三八六名のほかに、パンアメリカン航空会社、海底ケーブル電信会社、ポメロイ土木会社などの社員、その他の民間人合わせて百数十名であった。日本軍上陸前の一二月八日からの航空攻撃によって、島の守備隊は戦意を失っており、降伏後、大部分は捕虜となった。死傷者は約五〇名だった。捕虜は、海軍病院と現地の建物に一ヵ月間監禁され、一九四二年一月一〇日に日本へ送られた。

一月一五日、グアム島作戦で捕虜になったアメリカ軍総督マクミラン大佐以下、海軍将兵と民間人四二一名は、香川県多度津《たどつ》港に到着し、善通寺《ぜんつうじ》捕虜収容所に収容された。そのなかには海軍看護婦五名と、グアム島守備隊軍曹の妻とその乳飲み子の計七名の女性も含まれていた。善通寺捕虜収容所に送られたグアム島のアメリカ人のうち一三四名は民間人で、捕虜に該当しないことが判明したため、兵庫県で抑留することになった。

一月二三日、軍から引き渡しを受けた兵庫県では、そのうち中立国人だったスペイン人神父二名は東京に護送し、残りのアメリカ人一三二名のうち、母子二名をイースタンロッジ（兵庫県第二抑留所）に、男子五六名を神戸市神戸区（現、中央区）北野町のバターフィールドエンドスワイヤー汽船社宅、男子七四名を海岸通に近い神戸市神戸区（現、中央区）伊藤町のシーメンスミッション・インスティチュートSeamen's mission Institute（兵庫県第四抑留所）に分割収容した。グアム島のアメリカ民間人一三二名を加えて、兵庫県に収容された抑留者は、開戦後一ヵ月で一挙に一七六名と全国最大となった。

国際法遵守を強調　緒戦の勝利につづいてグアム島から送られてきた大量の捕虜には、当時の人びとの関心が集まった。戦意高揚のためか新聞報道も多く、民間人の神戸抑留については、「米人抑留者今暁《こんぎょう》神戸へ、わが武士道精神で保護取締り」という見出しで、

……この抑留者は国際法によって自由は制限されるが俘虜《ふりょ》のように労務には服せず、生活は保証されるわけで、保護取締りにあたる県外事課では彼等の健康をまもるため必要とあらば東遊園地のＫＲＡＣ運動場の使用も考慮しており、前記二ケ所の抑留所にもすでにベッド、毛布、衣類など用意万端が整えられている。

と詳しく報じている（『神戸新聞』一九四二年一月二三日付）。

また、民間人抑留者に乳飲み子を連れた若い母親が混じっていたことは好奇心を呼んだらしく、「赤ん坊に至るまで日本軍の温情、感謝のグアム島非戦闘員神戸へ」という見出しでこんな記事もみられる。

……ただ一人の女性、陸軍下士官の妻で昨年十一月二十一日出産したチャーリーを抱えてゐるルビー・ヘルマース（三四）が人目をひいた。（中略）ヘルマース談　昨年十一月二十一日病院でお産し十二月一日退院、休養してゐると日本の飛行機が飛来して爆撃し実に驚きました、日本軍隊に保護されてから私ども女性に対する温情には感謝するよりほか何物もない日本に送られてからも本当にその親切さが身に染みて全く安心してをります。

（『読売新聞』一九四二年一月二四日付）

と新聞報道されている。いずれも、国際法遵守と温情を強調した記事になっている。

彼らは、基本的にはそのまま終戦時まで神戸で抑留されつづけ、終戦後ようやく解放される。

ポメロイ社（Pomeroy Company）というのは、サンフランシスコに本社を持つ大手建設会社で、アメリカ海軍からグアム島の基地建設を請け負っていた。職種は、大半が土木監督や機械技師・製図工・測量技師などで占められている。

また、キリスト教宣教師一一名が含まれており、うち少なくとも七名は、カトリックのカプチン会の神父や修道士であった。パンアメリカン関係者は、後述するジェームズ・トーマスの体験記では九名となっている。

兵庫抑留所におけるグアム島のアメリカ人は、抑留当初は慣れない気候や環境から、病人が続出し、問題になった。『外事月報』四二年二月分にも、

グァム島作戦に因《よ》る抑留者米国人一三二名は戦火を経て心身の疲労極度なるのみならず暑熱の地域より冬季寒冷の本邦に移送越したる為に感冒其の他の罹病を続出しと記されている。二月七日、ジョージ・A・ウスティッグ（六七歳）が、腎臓病と急性気管支炎により死亡した。また、一月から二月にかけて、五名が日本軍侵攻時の戦闘による怪我や肺炎などにより、神戸病院に入院した。

神戸での抑留生活

神戸の抑留所での生活は、実際にはどのようなものだったのだろうか。グアム島から連行され神戸で抑留されたアメリカ人のうち、パンアメリカン航空社員のジェームズ・トーマス氏は抑留体験記『Trapped with the Enemy』（敵の手に落ちて）を出版している（Xlibris Corporation 2002）。それによると、彼が抑留されたシーメンスミッション（船員会館）では、それまでのグアムでの戦闘や捕虜生活、日本への輸送という過酷な状況から、ようやく一時の落ち着きを得たようである。

船員会館は私たちの放浪生活を変えた。この六週間まるでサーカスの動物みたいに、

私たちは押されたり引っ張られたりして、一つの粗末な場所から別の場所へ転々と移動を繰り返して来たのだ。暖房の無い納屋のような宿舎、嫌悪感をもよおす看守、不愉快な規則、そしてにおいが鼻につく食べ物、そうしたものが常に私たちに囚われの身であることを思い知らせた。（中略）今や私たちは落ち着ける場所を得て再び生きようとしていた。それは私たちの不幸な生活の中でわずかに秩序がもたらされた時間だった。

（『Trapped with the Enemy』前掲小宮仮訳）

この体験記によれば、抑留所の収容人員は過密で、食べるのにも風呂に入るのにも、そして便所を使うのさえ行列を作って待つという状況に、イライラを募らせることもあった。抑留所の外の決められた区間を警官の監視の下で散歩することや、時には抑留者から籤《くじ》で選ばれた一〇名ほどが、看守に引率されて神戸の下町に日用品の買い物に出かけることが許され、これは気晴らしになった。抑留者たちは規則を作ってさまざまな仕事を分担し、代表を選挙で選び出し、日本側との交渉も組織的に行うようになった。スペイン語、日本語、英語、速記、代数、天文学などさまざまな講座を開き、お互いを講師に学習しあった。

陸軍省俘虜情報局では、このグアム島より連行抑留したアメリカ人の存在を早くから明らかにし、対米宣伝用に利用しようとした。一月三一日、バターフィールドエンドスワイヤー汽船社宅（第三抑留所）で、日本放送協会国際部職員の協力のもと、四〇名の抑留者による海外放送用の録音が行なわれた。原稿には厳しい事前検閲があったが、抑留者は全員口をそろえて、食事・娯楽・運動などの面で待遇に満足している旨を述べた（『外事月報』一九四二年三月分）。ジェームズ・トーマスの原稿は次のようなものだった。

最愛のお母さん、私は日本で無事です。健康状態は良好、元気です。待遇は良いので心配しないで。友達に伝えて、スウィニーに伝えるのを忘れないで。愛をこめて、ジム・トーマス

（『Trapped with the Enemy』前掲）

その後、四二年三月に、善通寺捕虜収容所から民間人男性一名と、グアム島から連行された海軍看護婦五名が兵庫県へ移され、看護婦はイーストロッジ（兵庫第二抑留所）に収容された。したがって、三月末のグアム島アメリカ人は一三七名となった。

抑留所の整理統合と抑留者の移動

開戦時の抑留所は、基本的に抑留者の居住する県内に設置されたため、全国二七都道府県三四ヵ所にわたっていた。しかし、抑留は、戦争終了までの長期にわたる可能性が高く、その間三四ヵ所もの抑留所を個別に警備するのは煩雑で経費もかかる。そのため、一九四二年三月四日付で、全国の抑留所を六ヵ所に統合するという内務省警保局通牒《つうちょう》が発せられた。統合先には、適

当な収容能力のある施設が存在することと、移動する抑留者数をなるべく少なくするために、宮城県・東京都・神奈川県・兵庫県・広島県・長崎県の六都県の抑留所が選ばれた。

統合のための抑留者の移送は三月三一日までに完了すること、移送にあたっては衣類・寝具・日用品などを携行することができること、抑留者に不安を抱かせないために家族がある者には移送先を知らせること、面会や差し入れも従来どおりであること、なども諸注意として定められた。

この通牒にもとづき、三月末までのあいだに、各県警察の手によって大規模な抑留者の移動と抑留所の統合が行なわれた。福島・岩手・青森の各県に抑留されていた計一四名の抑留者は宮城県へ統合され、そのため仙台市内に第二抑留所（仙台市北二番丁一一二）が開設された。埼玉・茨城・栃木・群馬県の計六名は東京都へ、富山・石川・三重・奈良・京都・大阪・滋賀県の計二〇名は兵庫県へ、岡山県の一二名は広島県へ、そして熊本、福岡県の計五名は長崎県へ統合された。合計五七名が遠路移送され、この時点で住み慣れた自宅や教会の抑留所から引き離され、本格的な抑留所生活に入った外国人も多い。おそらく不安を抱いての移送であったと思われる。

また、先の抑留所統合の通牒には、すでに抑留されている外国人のなかで、抑留理由が

「検挙すべき者以外の外諜容疑者」という場合、とくに容疑の点がなければ抑留を解除するように、という指示があった。これを適用するかたちで、全国各地から計一一八名の外国人が抑留を解除された。

こうした移動や解除の結果、三月末の抑留者数は、宮城県七四名、東京都四二名、神奈川県八六名、兵庫県二〇五名、広島県二〇名、長崎県二六名の計四五三名となった。その国籍の内訳は、アメリカ人二三二名、イギリス人九五名、カナダ人七三名、オーストラリア人一名、インド人一名、オランダ人二三名、ベルギー人八名、ホンジェラス人一名、グアテマラ人二名、ギリシャ人一三名、ノルウェー人一名、旧ロシア人二名、無国籍一名である。最大の抑留所は兵庫県で、このうち一三七名はグアム島から連行されてきたアメリカ民間人で占められていた（『外事月報』一九四二年三月分）。

その後、後述する連行型抑留者や抑留対象者の拡大に対応して、一九四二年七月には福島県福島市に、九月には北海道小樽《おたる》市に、一〇月には埼玉県浦和市（現、さいたま市）に、また一九四三年一〇月には愛知県名古屋市に、新たな抑留所が開設された。そのため、全国の「敵国人抑留所」は一〇都道県に置かれることになった。

抑留が開始された一九四一年一二月から、一九四五年八月終戦までの、全国の主な抑留所と抑留者数の変遷をまとめると巻末の表11のようになる。

第一次交換船と抑留拡大

帰国者と第一次交換船

日米交換船浅間丸

一九四二（昭和一七）年三月に全国六ヵ所に統合されてから、しばらくは安定した状態だった抑留所の様子に、大きな変化が起こったのは、一九四二年六月である。日米の外交官や民間人の交換のために、日米双方から航海の安全を保障する「日米交換船」が出航することになったのである。

実は、交換船は開戦直後にアメリカ側から申し入れがあり、ジョセフ・グルー駐日大使をはじめとするアメリカ側外交官と、アメリカに残留するかたちになった野村吉三郎大使や来栖《くるす》三郎大使などの日本側外交官とを交換するために計画された。

外務省は、交換の範囲を、新聞記者や残留した銀行・商社員、学生などの民間人にも拡大することを提案し、アメリカ側も原則的に賛成した。交換地を中立国であるポルトガル領ロレンソ・マルケス（現、モザンビークのマプート）にすることまで、すでに四一年一二月中に決定していた。しかしその後、具体的な交換手順の話し合いはなかなか進まなかった。理由は、交換船が作戦海域を通過することに海軍が難色を示したとか、大型船舶はすべて軍の物資輸送に徴用したい軍部とのあいだで調整がつかなかった等といわれている。

また、それだけでなく、交換する民間人のリスト作成や本人の意志確認に、時間がかかった。日米間で交換する人員の数は、それぞれ一五〇〇人ということで合意されたが、在米の日本人の数は、在日するアメリカ人の一〇〇倍以上で、南米在住の日本人の引揚げもそれに加えねばならない。アメリカ人も、日本本土だけでなく、朝鮮・満洲・中国・東南アジアからの引揚げ者も加えなければならなかった。結局、日米間の協定が成立し、交換船出航の準備ができた時には、一九四二年六月になっていた。

交換船には、日本郵船の豪華客船浅間丸《あさままる》（一万六九四七トン）とイタリアからの傭船《ようせん》コンテベルデ号（一万八七六五トン）が用いられた。浅間丸には、外交官として、日本からアメリカ公館員八三名を筆頭に、カナダ・メキシコ・パナマ・ニカラグア・ブラジル・ペルー・ボリヴィア・パラグァイ・エクアドル・コロンビア・ヴェネズエラ・ホンジュラスの各国公館員と家族計一三六名が横浜のホテルニューグランドに集合し、乗船を待った。六月初旬に満洲から神戸の東亜ホテルに移動させた、満洲国在勤のアメリカ公館員六名も、出発前夜横浜に移動してきた。

さらに、国内各地に抑留・検挙・自宅軟禁《なんきん》などのかたちで残留していた外国民間人一五二名が、六月初旬に横浜に集合し、バンドホテルで浅間丸への乗船の日を待っていた。神戸移民収容所に集められた朝鮮からの八一名、満洲からの四一名も横浜に移動してきた。これらの人びとで、出航地の横浜港からの乗船者は四一六名となった。

一九四二年六月一七日、横浜港に集められた外国人たちは、黙々と浅間丸に乗船した。携帯が認められた荷物は、トランクなどに詰められた衣類や装飾品、喫煙具・文房具・旅行用品などに限られ、現金は一人あたり一〇〇〇円までとされた。知人友人による見送りは禁止されていたので、密かに別れを告げに来た人びとも、ただ黙って見送るだけだった。

同じころアメリカでは、中立国スウェーデン船籍のグリップスホルム号（一万七七一六トン）が、帰国する日本人外交官や民間人を乗せて、ニューヨーク港で出航を待っていた。出航直前にアメリカ政府が、グリップスホルム号に乗船する予定の日本人の一部の出国を禁止したため、浅間丸を横浜港外木更津《きさらづ》沖に停泊させたまま、政府間の折衝が行なわれ、六月二五日、ようやく浅間丸は横浜港を出航した。浅間丸は、香港・サイゴン・シンガポールに寄航して、それぞれ送還者を乗船させた。

一方、コンテベルデ号は、中国に在留していた帰還者を上海《シャンハイ》から乗船させ、浅間丸とともに、東アフリカのポルトガル領ロレンソ・マルケスに向かった。七月二二日、ロレンソ・マルケスに到着した両船は、二三日にグリップスホルム号とのあいだで、約一五〇〇名の外交官と民間人を無事交換した。

浅間丸の帰還者たち

この交換船で日本から帰国した民間人一五二名のうち、七六名は日本各地に設けられた六ヵ所の抑留所に収容されていた人びとで、国籍は、アメリカ人七〇名、カナダ人五名、ホンジュラス人一名であった。抑留所別では、東京の警視庁抑留所から一三名、神奈川第一抑留所（横浜競馬場）から九名、第二抑留所（横浜ヨットクラブ）から六名、宮城県から二〇名、兵庫県から二四名、広島県から一名、長崎県から三名の抑留者が帰国した。

東京からの帰国者には、立教大学教授のポール・ラッシュや、明治学院大学講師のハワード・ハナフォードも含まれていた。また、ジャーナリストとしては、UP通信員ロバート・ベライア、AP通信員ジョセフ・ダイナン、ユニバーサルニュース通信員C・M・クリクトン、開戦時に検挙されて五月から抑留に回されていたニューヨークタイムス通信員オットー・トリシャスが含まれていた。

実は、浅間丸出港に先立つ六月三日、この四名のジャーナリストに加え、ナショナルシティー銀行支店長L・W・チェンバレン、宣教師テオドル・ウォルサー、検挙されていたジャパンアドバタイザー通信員リチャード・テネリー、AP通信員マックス・ヒルの計八名を招待して、警視庁主催の送別レセプションが行なわれた。これは陸軍参謀本部の発案で、「一般的対外宣伝に利用するため」と『外事月報』一九四二年六月分には記されている。最後にたっぷりご馳走を食べさせて、少しでも抑留の印象を良くし、帰国後の報道に影響を与えようという政治的配慮であろう。

しかし、もちろんそんな接待にジャーナリストたちの筆先が鈍るわけはない。浅間丸の船中で、さっそく彼らは日本が極東《きょくとう》各地で犯した残虐行為や自分たちが体験した抑留生活について記事を書きはじめ、アメリカに着くと発表した。ロバート・ベライアが雑誌に書いた「Tokyo Nightmare」（東京の悪夢）や、オットー・トリシャスが著した『Tokyo Record』（東京レコード）である。

神奈川県からの帰国者には、セントジョセフ学院のアメリカ人教師（マリア会宣教師）

五名、開戦直前に出航した龍田丸《たつたまる》で帰国しようとして開戦のために引き返し、横浜で抑留されたアメリカ人三名も含まれていた。

横浜生まれで日本人の母を持つハマッ子外国人のトーマス・ラフィンは、開戦時に憲兵隊に検挙され、ひどい虐待を受けたが、この交換船で強制送還された。弟のフォード部長ウィリアム・ラフィンは、神奈川第一抑留所（横浜競馬場）に抑留されていたが、彼もこの交換船で帰国した。ラフィン以外にも、神奈川県からの帰国者のうち少なくとも八名は、開戦時に警察または憲兵隊にスパイ容疑で検挙され、厳しい取調べを受けた人びとである。彼らの帰国は、強制送還だったと考えられる。

宮城県から帰国した二〇名のなかには、盛岡市のプロテスタントの宣教師シュレーヤ夫妻と二人の娘、仙台市で活動していた宣教師フェスパーマン一家四人、仙台のプロテスタント系ミッションスクール尚絅《しょうけい》女学校（現、尚絅学院中学高等学校）の宣教師アリス・ビックスビー、宮城学院理事でもある宣教師アルフレッド・アンケニー夫妻が含まれていた。そのほかの帰国者も宣教師と教師がほとんどであった。

ちなみに、海外の寄港地からの乗船者にも宣教師が多く、香港での乗船者を加えた時点で、浅間丸に乗船していた宣教師の数は、カトリックが一四七名、プロテスタントが二〇二名の三四九名になっていたという（『嵐の中を』前掲）。

兵庫県からの二四名の帰国者にも、関西方面で活動していたメリノール会のアメリカ人神父一〇名、マリア会のアメリカ人神父三名をはじめ、カトリックの宣教師が多かった。また、グアム島で捕虜になって神戸の第二抑留所（イースタンロッジ）に抑留されていたルビー・ヘルマースとその女児チャーリン、そして五名の従軍看護婦も帰国者に含まれていた。しかし、グアム島アメリカ人のなかからの帰国者はこの女性七名だけで、残り一三〇名には帰国のチャンスは与えられなかった。グアム島のアメリカ人たちは、交換船による帰国を唯一の希望として待ちわびていたので、その落胆は大きかった。四二年五月一〇日、抑留所を訪れたスイス領事が、厳しい顔つきで、

「要塞化された島で捕まったため、日本政府はあなた方を軍属とみなし、そのため交換の資格は無くなりました」と告げたとき、最後のわずかな望みが断ち切られ、みな呆然となって、その場に立ち尽した

（『Trapped with the Enemy』前掲）

と、ジェームズ・トーマスは書いている。

第一次日米交換船を機に、六月二四日には、神奈川第一抑留所の拿捕《だほ》船員のうち一三名が東京の警視庁抑留所へ移管され、第二抑留所の残りの抑留者は第一抑留所へ統合された。

そして、六月二六日をもって神奈川第二抑留所はいったん廃止された。また、宮城県でも五月に修道女二七名を解放し、このときの帰国者でさらに抑留者が減ったため、二ヵ所の抑留所のうち、第一抑留所（元寺小路《もとてらこうじ》教会）だけを残して、仙台市北二番丁一一二の第二抑留所は廃止した。

日英交換船龍田丸

日米交換船に続いて、七月には日英交換船として、日本郵船の客船龍田丸（一万六九五五トン）、つづいて鎌倉丸《かまくらまる》（一万七四九八トン）が出航した。ちなみに龍田丸は、日米交換船に使われた浅間丸とは姉妹艦である。

七月三〇日、横浜港を出航した龍田丸には、日本と朝鮮・満洲に在留するイギリス人・オーストラリア人・オランダ人・ベルギー人などのヨーロッパ系の外国人を乗船させ、さらに上海とサイゴンに寄航して東南アジア方面からの送還者を乗船させて、東アフリカのロレンソ・マルケスに向かった。

八月一〇日に横浜港を出航した鎌倉丸は、上海で中国から引揚げるヨーロッパ系外国人を乗船させ、ロレンソ・マルケスへ向かった。交換者の総数は、大使館領事館員と一般居留民合わせて一八〇〇名という大プロジェクトだった。ロレンソ・マルケスには、ヨーロッパから帰国する日本人を乗せたリバプール発のエル・ニル号、インドから帰国する日本人を乗せたボンベイ発のシティ・オブ・パリス号、オーストラリア方面から帰国する日本人を乗せたメルボルン発のシティ・オブ・カンタベリー号が結集した。そして、相互に乗船者を交換し、ヨーロッパとインド方面からの帰国者は龍田丸で、オーストラリアからの帰国者は鎌倉丸で、日本に帰国した。

日英交換船の龍田丸に、横浜港から乗船した外国人は四五四名で、国籍別ではイギリス人が三一〇人ともっとも多く、次がオランダ人の四一人だった。外交官関係では、サー・ロバート・クレーギー英国大使を筆頭に、日本国内のイギリス・オーストラリア・オランダ・ベルギー・ギリシャ・エジプトなどの大使館領事館員とその家族が一七七名、朝鮮・関東州（現、大連市一帯）・満洲国勤務の公館員らが三三名と、計二一〇名が乗り込んだ。

また、日本国内から引揚げる民間人は一五六名、朝鮮・関東州・満洲国から引揚げる民間人は八八人の計二四四名だった。日本国内から引揚げる民間人のうち、六〇名は各地に設けられた敵国人抑留所に抑留されていた外国人だった。その国籍は、イギリス人四〇名、オランダ人一四名、ギリシャ人四名、ベルギー人一名、ノルウェー人一名である。東京では開戦時の三七名の抑留者中計一一名が帰国し、神奈川から東京に移った拿捕船員一三名のなかからも四名が帰国した。

東京からの帰国者のなかには、抑留も逮捕もされてはいなかったが、特高警察に監視され、怯えながら東京帝国大学で英語を教えていたイギリス人ジョン・モリスが含まれていた。出航のわずか二日前に帰国の通知を受けたモリスは、徹夜で荷造りをし、持ち出し禁止のアドレス帳の代りに、トイレットペーパーの紙片に友人の名前と住所をタイプし、トップハットのラインの下に隠した。旅行中の必要のためのわずかな金額以外は持ち出せないため、銀行預金は友人の口座に送金し、家具も放置していくほかなかった（ジョン・モリス『ジョン・モリスの戦中ニッポン滞在記』小学館、一九九七年）。

神奈川県の二ヵ所の抑留所からは、一七名が帰国した。ライジングサン石油・スタンダード石油・チャータード銀行などの外国企業の社員が中心だった。宮城県の抑留所からは二名、兵庫県からは二二名が帰国した。兵庫県からの帰国者も、神奈川県と同じように会社員が多かった。また、開戦時に兵庫県で検挙されたイギリス人・オランダ人計一三名もこの交換船で帰国した。広島県では一名、長崎県では三名が帰国した。開戦時に検挙され、四月に抑留に切り替えられた居留地の実業家フレデリック・リンガーの未亡人、アルセデイ・イヴァ・リンガー（旧オルト邸の主）もその一人だった。

このようにして、全国の抑留所から日米交換船で七六名、日英交換船で六〇名が帰国した結果、戦前から日本にいた在日外国人抑留者は、開戦時の半分以下の計一六五名に減った。ところが、一九四二年七月末の敵国人抑留者数は四五〇名で、開戦時を上回っている。その理由は、グアム島のアメリカ人一二九名のほか、四二年七月にはラバウルからのオーストラリア人看護婦ら一九名、インド洋からは拿捕されたナンキン号などの乗客一三七名という、計二八五名もの連行型抑留者が加えられたからである。彼らについては、「秘匿《ひとく》された抑留者たち」のところでくわしく述べることとする。

帰国しなかった抑留者

ところで、交換船による帰国の機会が与えられたにもかかわらず、残留を選んだ外国人抑留者も多数いた。残留の理由の一つは、日本人家族の存在であった。表4（前掲五二～五三ページ）に示したように、東京抑留所の抑留者で日本人と結婚していることがわかっている七名中、帰国したのは二名のみである。

また、表2・表3（前掲四二～四四、四六～四七ページ）のように、戦前から神奈川県に在住していた五七名の外国人のうち、交換船で帰国したのは二二名で、半数以下である。

フォード、スタンダード石油、ライジングサン石油の社員は一四名中八名が帰国しているのに対し、貿易商関係と思われる一五名中では三名しか帰国していない。日本生れで日本人と結婚しているフェーゲンや、ドンカーカーチス、家族で抑留されたゴメス三兄弟、デュア親子、モス兄弟はいずれも残留を選んでいるのである。
開戦前、モス兄弟の弟で貿易商のジョージ・モスは、イギリス領事館からの帰国勧告に対し、

私は日本で生まれ、これまでの私の生涯を当地で生活してきました。私自身、日英国際結婚の賜物で、私の妻も日本人であり、私の五人の子供はみな日本国籍です。私は危険と困難のあらゆる条件の下で、彼らのそばに付いていることが私の義務であると考えます。……

（『神奈川県史Ⅱ・第一巻下』前掲）

と回答している。日本人家族との強い絆が彼らを引きとめたのだろう。
兵庫県でも状況は同じようで、グアム島から連行されて抑留されたジェームズ・トーマスは、一九四二年一〇月にカナダ学院に移動して一緒になった在日系の抑留外国人について、

彼らのほとんどは日本人の妻子を持つか、日本人を内縁の妻としている独身者であり、故郷も家族も日本にあった

（『Trapped with the Enemy』前掲）

と述べている。
長年日本に在留し、仕事や生活の基盤を日本に持つ外国人にとっては、すべてを捨てて

帰国するか、不自由な抑留生活を続けるか、どちらにしても苦渋の選択であったと思われる。

戦局の転換と抑留の拡大――抑留第二期

ミッドウェイ海戦敗北

交換船によって多くの在日外国人を送還した一九四二（昭和一七）年夏は、ミッドウェイ海戦の敗北によって戦局が転換した時期でもあった。まだ多くの人びとは戦争の実情を知らず、占領地の拡大に楽観的な戦勝気分が続いていたが、今後の困難な戦局に対応するため、世論の引き締めが必要となってきた。また、大規模な国際スパイ事件ゾルゲ事件が発覚したのは一九四一年一〇月だったが、四二年六月に司法省がゾルゲ事件について公表し、防諜《ぼうちょう》の徹底が叫ばれるようになってきた。

内務省警保局外事課では、防諜の徹底と、非抑留敵国人の存在によって起こされる戦争遂行上の支障を排除するためとして、抑留の強化が主張されるようになった。

そして八月一八日、内務省警保局から「敵国人の抑留に関する件通牒《つうちょう》」が発せられた。それによると、新たに抑留すべきものとして、

（イ）　外諜容疑ある者又は防諜上支障ある者

（ロ）　邦人との接触を利用し我国民の戦意又は団結に支障を及ぼす虞《おそれ》ある者

が規定された。（イ）については防諜上の危険を慮《おもんばか》り、という当然のような理由が付されているが、問題は（ロ）である。その理由は、

宣教師・修道女の抑留

学校教師にありては……依然として邦人と密接なる接触を続け、更に宣教師、修道女及び保姆《ほぼ》等に於ても豫《かね》て禁止せる布教伝道行為に対する執着已《や》み難く事毎に信者其《そ》の他の邦人との接触を続けつつありたり。殊に学校教師、宣教師は師弟関係、信仰関係における特殊の地位を擁《よう》し、関係邦人に対し由々しき悪影響を与えつつあるを認められ、又関係邦人に於ては是等《これら》敵国人に対する既存観念を清算し得ず、我執の感情に囚われて陰に陽に同情を寄せ庇護に奔走する等の所為に出づるもの尠《すくな》からず、……仍《よっ》て是等敵国人を新に抑留に附することとし、以て戦時外事警察的施策の万全を期したり。

（『外事月報』四二年一〇月分）

ということであった。教師や宣教師は日本人との接触を続けており、悪影響を与えている

というのである。これによって、従来は抑留の対象とされていなかった女性や高齢者を含む教師・宣教師・修道女・保母が、新たに抑留の対象に加えられた。

この通牒にもとづき、府県ごとに新たに該当者をリストアップして、九月中旬から一〇月上旬にかけて地域ブロックごとにいっせいに「抑留強化措置」と称する、対象を拡大した外国人の抑留が実施された。この抑留強化措置から、第二次日米交換船の派遣される一九四三年九月までを抑留第二期と考えたい。

この抑留強化措置によって新たに抑留された外国人は全国で一五二名で、交換船による帰国者一三六名を上回る。また、新たな抑留者一五二名のうち、一二六名は女性であった。

まず九月一六日、警視庁管轄下において男子一一名と女子六〇名の計七一名が、東京抑留所（菫《すみれ》家政女学院）へ抑留された。このうち二七名は、港区三光町《さんこう》（現、港区白金）の聖心女子学院で働くアメリカ・イギリス・オーストラリア国籍などのイエズスの聖心会の修道女だった。バスに乗せられて連れ去られる修道女たちを、生徒たちは驚き怒りながら、教室の窓から手を振り、泣きながら見送ったという（『一粒の麦　東京大司教区創立一〇〇周年記念誌』上智社会事業団出版部、一九九一年）。

九月一八日には、神奈川県の男子四名が神奈川第一抑留所（横浜競馬場）へ、女子一二名と山梨県の女子一名が神奈川第二抑留所（横浜ヨットクラブ）へ抑留され、続いて九月二三日には、静岡県からの女子四名も神奈川第二抑留所へ統合された。九月二三日には、大阪府の七名と兵庫県の三五名の計四二名が、兵庫抑留所（神戸市カナダ学院とイースタンロッジ）へ抑留された。中国地方では、九月二三日に山口県から二名、三〇日に鳥取県から一名の計三名が広島抑留所（三次《みよし》町愛光保健園）へ抑留され、九州では、一〇月一日に長崎県の一名と熊本県の七名、三日に福岡県の二名計一〇名が長崎抑留所（長崎市マリヤ学院）へ抑留された。北海道からは、女子五名が宮城抑留所（仙台市元寺小路《もとてらこうじ》教会）へと抑留された。兵庫県・広島県・長崎県では、第一期の抑留者が交換船で帰国して生じた空き部屋を埋めるかのような移動となった（巻末表11参照）。

新抑留者の職業は、八月の内務省通牒どおりに教師・宣教師・修道女・保母・看護婦が約九割にあたる一三四名を占めていた。これによって、日本に残留していたキリスト教系学校の教師・宣教師・修道女は、ごく一部の例外を除いて根こそぎ抑留されることになった。

警察による監視を受けながら暮らしていた女性宣教師や修道女にとって、抑留は突然のことだった。横浜英和女学校のハジス元校長とウルフ宣教師は、四二年四月のドゥーリトル率いるアメリカ軍機による空襲以降、学校での授業も許されなくなり、校内の宣教師館でひっそりと暮らしていた。八月末には、九月初めに出航する予定の第二次交換船で帰国できるという通知を受け、荷造りも済ませていた。ところが、交換船延期の通知があり、さらに九月一八日には突然二人の警察官が訪れて、ハジスとウルフは神奈川第二抑留所（横浜ヨットクラブ）へ連行された（『私たちのハジス先生』前掲）。

横浜ヨットクラブでは、同じく抑留された横浜山手の紅蘭《こうらん》女学校（現、横浜雙葉学園）の修道女や、山梨英和女学校の元校長グリンバンクと一緒になった。紅蘭女学校のデニス修道女の回想によると、

その時までこのクラブは外国籍を持つ男の人達の収容所として使われていたので、実にひどい状態であり、二つの部屋の床一面に、たばこの灰などがついていた。一部屋は寝室として、もう一つは食事と自由時間のために使われることになった。マリアの宣教者フランシスコ会修道会が私達に加わり、横浜と静岡からのカナダ人宣教団の婦人達も加わった。しばらくすると私達のベッドが着き、それぞれの間を一二《インチ》ほどあけて、二列に置かれた（下略）。　　（『八十周年記念誌』横浜雙葉学園、一九八〇年）

最初の夕食後、宣教師たちは自己紹介しあい、あたたかな友好的な雰囲気で抑留生活が

始まったという。

交換船中止による抑留

ハジスの回想にもあるように、「抑留強化措置」が実施されたのと同じころに、具体的に計画されていた第二回目の日米交換船の派遣が中止となった。第一次日米交換船を終えて横浜に帰港した浅間丸《あさままる》とコンテベルデ号は、ただちに第二次の日米交換船として出航する予定になっており、九月五日出航という日程もいったんは両国で合意に達していた。その準備として、日本各地や朝鮮・満洲から交換船乗船のため、アメリカ人やカナダ人が横浜に集められていた。

ところが、両国間の交渉は円滑に進まず、第二次交換船の出航は無期延期になってしまった。理由は、アメリカ海軍省が、この交換計画にハワイの日系人が含まれていることが、ハワイにおける防衛上の致命的な情報を日本側にもたらすことになるとして反対したからであるといわれる（鶴見俊輔・加藤典洋・黒川創『日米交換船』新潮社、二〇〇六年）。

そして、交換船ははっきりした期限さえ設けられずに棚上げになり、交換船に乗って帰国するために満洲や日本各地から横浜に集合した外国人が、行き場を失うという事態が起こった。こうした足止め外国人も新たな抑留対象とされ、一〇月初めに兵庫第一抑留所（カナダ学院）に男子六名、兵庫第二抑留所（イースタンロッジ）に女子一一名、神奈川第一抑留所（横浜競馬場）に満洲から送還されたカトリックのカナダ人宣教師一〇名を含む男子一七名、神奈川第二抑留所（横浜ヨットクラブ）に女子一三名の計四七名が新たに抑留された（『外事月報』四二年一〇月分）。

こうした異動で新たに抑留された外国人のなかに、熊本第五高等学校英語教師だったアメリカ人ロバート・クラウダーがいる。彼は、第二次交換船待機の期間を、横浜のバンドホテルにおいて軟禁《なんきん》状態で過ごしたが、九月初め、警察官に引率されて山下公園を散歩した際に、浅間丸の交換船を示す白十字の印が灰色に塗りつぶされるのを目撃したという（ロバート・クラウダー『わが失われし日本』葦書房、一九九六年）。その後、クラウダーたちは神奈川第一抑留所（横浜競馬場）に移され、抑留生活に入った。

女性たちの抑留所

第一期の抑留者はほとんどが男性だったが、「抑留強化措置」による新抑留者は圧倒的に女性が多かったため、全国の抑留所では第一期の男性抑留者に加え、多数の女性抑留者を抱えることになった。そのため「秩序風紀の維持」と「取締上の便利」のため、抑留者を男女別々の抑留所に収容することになった。

とくに九月の抑留強化措置で、東京の警視庁抑留所（菫《すみれ》家政女学院）には、男子一一名と女子六〇名の計七一名もの新たな抑留者を収容していた。そこで、男性は埼玉県に新たに抑留所を設置して移し、東京抑留所は女性だけの抑留所とすることにした。第一期の東京抑留所の抑留者のうち、交換船に乗船しないで日本に残ったのは男子二八名だったが、そのうち二名は旧ロシア人の拿捕《だほ》船員であったため、敵国人ではないという判断で九月に抑留を解除された。そして残った二六名と新たに抑留された男子一一名の計三七名を、一〇月五日埼玉県浦和市（現、さいたま市）に新設した抑留所に移動させた。

一〇月五日、三七名の男子が移動したその日のうちに、神奈川第二抑留所から抑留強化措置による新抑留者一七名と、交換船中止による新抑留者一三名、計三〇名の女子が東京都に移された。交換船中止による抑留者のなかには、愛媛県松山市を拠点に、長くプロテスタントの宣教師として活動してきたメーベル・フランシスもいた。彼女は軟禁されていた松山の自宅から列車で横浜に移送された。横浜で交換船の出航を待つあいだ、彼女もホテルの窓から交換船の白い十字の印が塗料で塗り消されるのを見た（メーベル・フランシス『ひとりが千人を追う』いのちのことば社、一九六九年）。やがて横浜のホテルから、黒い護送車で東京に移送され、しばらくホテルに滞在した後東京抑留所に収容された。こうして東京抑留所は、九〇名を収容する女性だけの抑留所となった。

彼女たちが抑留された東京抑留所は、菫《すみれ》家政女学院（現、田園調布雙葉学園）を接収し

図1　菫家政女学院（現，田園調布雙葉学園）　東京の警視庁抑留所とされた．

たもので、有刺鉄線の壁があるわけでもなく、二階の窓に格子が取り付けられた以外は、普通の寄宿学校のたたずまいだった（図1）。抑留者の男女別収容のため、一二月には長崎抑留所から女子一〇名、宮城抑留所から女子七名、広島抑留所から女子一九名が新たに東京抑留所に移送されてきた。その結果、東京抑留所は、全国から集められた外国人女性一二三名を収容する大所帯となった。松山の宣教師のメーベル・フランシスは、広島で抑留されていた妹の宣教師アン・デビンドルフと、ようやくここで一年ぶりの再会をすることができた。

横浜英和女学校のハジスによれば、収容所にはおよそ百二十人の婦人と二人の子供が収容されていたが、この婦人のうち六人以外は皆宣教師だった。その宣教師の四分の三は旧教の尼僧で、その他は新教徒だった（『私たちのハジス先生』前掲）という。抑留所では狭い相部屋、粗末な食事、日課表に縛られた窮屈な生活に耐えなければならなかった。しかし、日本語の流暢なハジスは、抑留者代表として抑留者の意見をまとめ、監視の警察官に対し、医者に行きたいとか、もといた家へ必要な品を届けてよこすよう伝えたいとか、礼拝のために日本人牧師に来てもらいたいとか、さまざまな交渉役を果たした。やがて、抑留者の人員点呼を毎日朝昼晩三回行なうという不合理な規則は改められ、昼一回だけに変更された。

宣教師たちは、不自由な抑留所のなかでも語学を学習しあい、中立国スイスの代表が毎月届けてくれる本を読み、与えられた粗末な食材を工夫して調理した。この抑留所を外国人たちは「スミレキャンプ」と呼んだ。

埼玉抑留所の設置と抑留者の移動

一方、一九四二年一〇月五日、東京抑留所から男子三七名を受け入れて新設された埼玉県抑留所は、東北本線北浦和駅から歩いて二〇分ほどのところにある聖フランシスコ修道院（浦和市上木崎、現、さいたま市浦和区皇山町一八―一）を接収したものだった。修道院の建物は一九三九年に建

図2　埼玉抑留所とされた聖フランシスコ修道院
（『新しい旅立ちのために』より）

設された木造二階建ての洋館で、一階には聖堂と応接室・裁縫室・図書室・調理室・食堂があり、二階は修道士たちの居室として三畳から四、五畳ぐらいの小部屋に区切られていた（図2、二〇〇三年まで現存していた）。

ここを抑留所にすることについては、内務省に埼玉県警察部の特高課が協力し、修道院を主管する浦和のカトリック教会と交渉して借り上げた。東京から適当な距離にあり、建物も新しく、格好の施設とみなされたのだろう。終戦まで政府から家賃が支払われていたという（『新しい旅立ちのために』フランシスコ会イエズスの聖心修道院、一九九二年）。

四二年一二月、抑留者の男女別収容で女子の東京への移送が行われるのと同時に、宮城抑留所の男子二四名と広島抑留所の男子三名は、埼玉抑留所に移送され、埼玉抑留所は男子六四名を収容することとなった。その後一九四三年一月に、アメリカ人男子一名が抑留に加えられ、五月にはフィリピンで日本軍に捕われたアメリカ人宣教師が品川の捕虜収容所から埼玉抑留所へ移管されてきた。そのため、埼玉抑留所の収容人員は男子六六名（アメリカ人七名、イギリス人一〇名、カナダ人三七名、ギリシャ人七名、ベルギー人三名、オランダ人二名）となった。

この六六名の名簿は、国立公文書館所蔵の終戦時抑留者名簿と、『外事月報』一九四三年九月分に掲載された第二次日米交換船帰国者名簿によって復元できる（表5参照）。六六名中七名のギリシャ人船員（開戦時に拿捕され、神奈川第一抑留所から移転）をのぞくと、残り五九名中四四名が宣教師である。そのなかには、横浜のミッションスクール関東学院の元理事長で、開戦後も日本に留まったウィリアム・アキスリングも含まれていた。六九歳のアキスリングは、開戦後ルセンダ夫人とともに自宅に軟禁されていたが、九月の抑留強化措置によってついに収容され、ルセンダ夫人も田園調布の東京抑留所へ収容された。埼玉抑留所でもっとも多数を占めるカトリックの宣教師は、北関東や長崎から移送されたフランシスコ会修道士や、宮城抑留所から移されてきたドミニコ会修道士などである

（『大正昭和カトリック教会史3』前掲）。宣教師以外の一五名は、教師・医師・ジャーナリストなど知識層が多数を占めていた。

この埼玉抑留所の生活についてローランド・ハーカーは、

そこはフランシスコ修道会の修練院であった。自由に歩き回れる大きな庭があり、今までいたところに比べると環境はずっと良かった。しかしながら、そこの警察官の態度は警視庁の警察官とはかなり違っていた。警視庁の方は、国際的な収容キャンプに関する条約に関する知識があったので、私たちも不当な扱いを受けなかったのだ。

（「日本日記　一九三九～一九四三」『青山学院と平和へのメッセージ』雨宮剛、一九九八年）

と記している。

一九四二年一二月の、東京・埼玉への抑留者男女別の移動により、宮城抑留所と広島抑留所の抑留者は、『外事月報』の記載上はゼロとなる。しかし、実際は抑留者を東京と埼玉に送って施設を空けた後に、広島には南方で拿捕されたオランダの病院船オプテンノール号のオランダ人高級船員・軍医・看護婦計四四名が、宮城県には同じ船のインドネシア人下級船員三五名が抑留された。これら占領地から連行されてきた抑留者については、

表5　埼玉抑留所名簿（一九四二年一〇月～四五年八月）

No.	国籍	氏名（年齢）	職業	前抑留所	備考
1	アメリカ	チャールズ・ドレーヤー（43）	ジャパンニュースウィークリー	東京（表4 No.1）	終戦まで抑留
2		ハリー・T・スティルマン（43）	会社員	東京（表4 No.2）	終戦まで抑留
3		ローランド・ハーカー（31）	教師（青山学院）	東京（表4 No.13）	第二次交換船帰国
4		ウィリアム・アキスリング（69）	宣教師（関東学院）		第二次交換船帰国
5		ポール・メーヤー（60）	宣教師		第二次交換船帰国
6		クロード・バス（42）	フィリピン高等弁務官秘書		一九四三年一月、抑留。第二次交換船帰国
7		エドウィン・ロナン（60）	実業家	フィリピンで捕虜	一九四三年五月抑留。終戦まで抑留
8	イギリス	ハーバート・ヒューズ（58）	機械技師（三菱）	東京（表4 No.14）	終戦まで抑留
9		イワン・クロスランド・ベル（46）	教授	東京（表4 No.15）	終戦まで抑留
10		アレキサンダー・R・カット（76）	通信員	東京（表4 No.16）	終戦まで抑留
11		ジェームス・サージャント（42）	教師（海軍兵学校）	東京（表4 No.22）	終戦まで抑留
12		ハリー・グッドリッジ（69）	ジャーナリスト		終戦まで抑留
13		ゴルドン・オグラント・グラハム（46）	商人		終戦まで抑留
14		ジョン・グラハム（58）	商人		終戦まで抑留
15		ウィリアム・ラプトン（57）	医者		終戦まで抑留
16		レオポルト・マレスコウ（55）	教授（アテネフランセ）		終戦まで抑留
17		アーネスト・H・ピカリング（64）	教授（第一高等学校）	警視庁により検挙	終戦まで抑留
18	カナダ	ジョセフ・マーク・コーテ（65）	宣教師	仙台抑留所	第二次交換船帰国

19	アーネスト・カスグレン(45)	宣教師		第二次交換船帰国
20	フィリップ・レジナル・タルーチェ(38)	宣教師	仙台抑留所	第二次交換船帰国
21	マリエン・ボネ(41)	宣教師		第二次交換船帰国
22	ガブリエル・バーテルミ・クチュール(41)	宣教師	仙台抑留所	第二次交換船帰国
23	エミリアン・テトルアルト(45)	宣教師		第二次交換船帰国
24	ピエール・ビソネット(44)	宣教師(*1)	仙台抑留所	終戦まで抑留
25	ロッフェリセン・カルパンティエ(41)	宣教師(*2)	東京	終戦まで抑留
26	ヨハン・ベルクマン・プレボ(42)	宣教師(*2)	東京(表4 No.24)	終戦まで抑留
27	ピアーレ・P・シャルボー(45)	宣教師(*2)	東京(表4 No.26)	終戦まで抑留
28	ロミオ・コルミエ(32)	宣教師(*2)	東京(表4 No.27)	終戦まで抑留
29	マイケル・シャレット(44)	宣教師(*2)	宇都宮→東京	終戦まで抑留
30	フィリペ・マリエ・デロリエ(38)	宣教師(*1)	仙台抑留所	終戦まで抑留
31	ガブリエル・ベルトラン・デルエン(44)	宣教師(*1)	青森→仙台	終戦まで抑留
32	ジャン・マリエ・ディオンヌ(41)	宣教師(*1)	岩手→仙台	終戦まで抑留
33	ドミニク・マリエ・ドワヨン(43)	宣教師(*1)	仙台抑留所	終戦まで抑留
34	アルフォンス・マリエ・フォルジェット(39)	宣教師(*1)	青森→仙台	終戦まで抑留
35	フォウル・エドモンド・ガニヨン(40)	宣教師(*1)	仙台抑留所	終戦まで抑留
36	コンラッド・ゲリナス(55)	宣教師(*2)	東京	終戦まで抑留
37	マリエ・ガブリエル・グローロ(32)	宣教師(*1)	岩手→仙台	終戦まで抑留
38	ウバルト・ゲルテン(35)	宣教師(*2)	東京	終戦まで抑留
39	ヤセント・マリエ・エベル(36)	宣教師(*1)	青森→仙台	終戦まで抑留
40	アントン・マリエ・ラマール(33)	宣教師(*1)	青森→仙台	終戦まで抑留
41	ヘンリー・ラングロウス(44)	宣教師	一九四三年抑留	終戦まで抑留
42	ランドリー・ベルトラン(33)	宣教師(*1)	仙台抑留所	終戦まで抑留

№	国籍	氏名(年齢)	職業	前抑留所	備考
43	カナダ	ペノト・マリエ・ラローズ(41)	宣教師(＊1)	仙台抑留所	終戦まで抑留
44		ルイ・マリエ・ルベル(38)	宣教師(＊1)	仙台抑留所	終戦まで抑留
45		アンブロウス・レブラン(61)	宣教師	自宅軟禁より	終戦まで抑留
46		イブ・フェルナンド・レミュ(29)	宣教師(＊1)	仙台抑留所	終戦まで抑留
47		レイモンド・マルティノ(41)	宣教師(＊1)	仙台抑留所	終戦まで抑留
48		ヤセント・マリエ・リード(52)	宣教師(＊1)		終戦まで抑留
49		クメル・ロウラン・ルール(48)	教師	仙台抑留所	終戦まで抑留
50		マクシム・シレル(49)	宣教師(＊2)	東京	終戦まで抑留
51		ジョセフ・ベルナンド・タルト(44)	宣教師(＊1)	仙台抑留所	終戦まで抑留
52		ベルナルド・マリエ・トラハン(37)	宣教師(＊1)	岩手→仙台	終戦まで抑留
53		マルチン・マリエ・ヴェイエット(37)	宣教師(＊1)	仙台抑留所	終戦まで抑留
54		アルマンド・ティベルジェ(53)	宣教師(＊2)	一九四三年抑留	終戦まで抑留
55	ギリシャ	E・ハジカキス(45)	エラト号船員	神奈川Ⅰ(表2 №38)	終戦まで抑留
56		S・ヤンニューラトス(35)	エラト号船員	神奈川Ⅰ(表2 №39)	終戦まで抑留
57		E・タトラサンダス(43)	エラト号船員	神奈川Ⅰ(表2 №40)	終戦まで抑留
58		N・パパングレー(39)	エラト号船員	神奈川Ⅰ(表2 №43)	終戦まで抑留
59		D・スパサミス(55)	ベアトリス号船員	神奈川Ⅰ(表2 №44)	終戦まで抑留
60		P・ボナリス(44)	ヴァレンタイン号船長	神奈川Ⅰ(表2 №45)	終戦まで抑留
61		N・パパディアス(48)	ヴァレンタイン号船員	神奈川Ⅰ(表2 №46)	終戦まで抑留
62	ベルギー	ジョセフ・レナルド・アイレンブッシュ(59)	宣教師	東京	終戦まで抑留
63		アーネスト・ゴーセンス(37)	宣教師・教師	広島抑留所	終戦まで抑留
64		ユレスボン・オベルメン(47)	教師	東京(表4 №34)	終戦まで抑留

65	オランダ	ジェラルト・グロート(40)	宣教師・考古学者(神言会)	東京(表4 No.30)	終戦まで抑留
66		ジョセフ・マリア・コールス(40)	宣教師(＊1)	青森→仙台	終戦まで抑留

職業欄のうち宣教師の( )内の＊は次の通り。＊1、ドミニコ会。＊2、フランシスコ会。『大正昭和カトリック教会史3』による。年齢は国立公文書館所蔵の終戦時抑留者名簿による。

「秘匿《ひとく》された抑留者たち」のところでくわしく述べたい。

長崎抑留所には、女子が東京に移された結果、男子一五名が残された。兵庫抑留所は、開戦時に抑留されて交換船で帰国しなかった残留者三二名とグアム島アメリカ人一二九名に、関西各地から抑留強化措置で新たに抑留された四二名を加え、さらに満洲から引揚げてきて交換船中止に遭遇した一七名を加えて、計二二〇名という全国最多数の抑留者を抱えることになった。また、この年九月、北海道小樽《おたる》にアッツ島からアリュート人（アメリカ国籍のアッツ島先住民）四〇名が連行され、抑留された。このため、一九四二年一二月末には、全国の抑留者総数は七五〇名あまりに膨れ上がった。

第二期の抑留生活

では、この時期の抑留生活の実態はどんなものだったのだろう。抑留者の待遇に関しては、一九四三年二月一日、内務省通牒《つうちょう》として「抑留敵国人処遇取締基準」が発せられた。約一年前に制定した「抑留敵国人取扱要綱」

を改訂し、抑留者の取締を強化する内容とした新基準である。改訂の理由は、敵国側に抑留された日本人の処遇とのつり合いと、抑留所ごとの処遇の斉一共通をはかるためとされている。

全部で八条二四項目にわたる詳細な基準だが、これによって抑留者の外部との接触は厳禁、面会は一ヵ月に二回まで家族近親者に限る、差し入れは家族近親者に限り許容するが個人に宛てないよう指導する、外出は原則禁止、一時帰宅は承認しない、ということになった。また、抑留維持のための労働を課すこと、困窮者に対しては有償室内労働を斡旋《あっせん》することも認められるようになった（『外事月報』一九四三年二月分）。

家族がいる者にとっては一時帰宅が認められなくなり、一週間に一度認められていた面会が一ヵ月に一、二度に制限されたのはつらいことだろう。「抑留所維持のための労務を課す」というのは、抑留所の掃除や各自の衣類の洗濯などだけではない。コックや調理師を雇って調整していた食事を抑留者自身に調理させたり、食材や燃料の運搬をさせるようになった。

埼玉抑留所では、修道院の庭でサツマイモの栽培を行なったが、抑留者はサツマイモ掘りなどの農作業をさせられ、汚物の汲み取りと施肥も課された。やがて、抑留所によっては、燃料にする薪の伐採まで抑留者に課するようになっていく。

先の見えない戦況のなかで、食料も燃料も不足し、寛大な待遇をうたった開戦時と比較して、抑留外国人の待遇にも厳しさが増してきたといえよう。

一九四二年一二月ころから終戦で抑留所が閉鎖される四五年九月まで、埼玉抑留所の所長をしていた竹沢正義氏の証言によれば、外国人に対する食料の配給は兵士と同じで、一般の日本人の二倍、米なら一日六合、その他に抑留所内で出る残飯で豚を飼って肉にしたり、さつまいもを栽培したりしていた。野菜は北本《きたもと》の農業会から買い、食パンは大宮《おおみや》の山田ベーカリーで焼かせ、魚は大宮水産から配給を受け、一般の日本人より豊富だったという（「証言埼玉抑留所」『埼玉県近代史研究　創刊号』一九九四年）。

しかし、埼玉抑留所に収容されたローランド・ハーカーは、

一九四二年のクリスマスは荒涼としたものだった。（中略）でも私たちはささやかなクリスマスパーティーを開いた。簡単なサンドイッチでも作るようにと責任者の警察官がパンを持ってきてくれたのだ。そのパーティーではクリスマスキャロルを歌っただけで、みんな部屋へと解散した。

（『青山学院平和へのメッセージ』前掲）

と述べている。七面鳥をはじめ、豊富な差し入れで盛大なクリスマス・ディナーのできた

一年前とは、様変りした状況がうかがえる。

東京抑留所では、国際法にもとづいて毎日一人一斤のパンが支給され、食べ物は量的には確保されていたようである。しかし、食品の種類は少なく、とくに新鮮な野菜は不足していた。それを補ったのが、所属する学校や修道会からの差し入れであった。月に一、二回許される面会には、宣教師たちの身を案じるかつての同僚や教え子が訪れた。田園調布駅から「スミレキャンプ」までの道のりを、面会を求める関係者は重い差し入れ荷物を持って一生懸命に通ったという(『私たちのハジス先生』前掲)。

神奈川第一抑留所の移転

開戦時には全国最多の抑留者を抱えた神奈川県では、交換船による帰国三二名、東京への移転一三名の減員の結果、残留者は神奈川第一抑留所に統合され、四二年七月の段階で三四名となった。そして九月の「抑留強化措置」と一〇月の「交換船中止」によって新たに男子二〇名が収容され、計五四名が神奈川第一抑留所のメンバーとなった(『外事月報』一九四二年一〇月分)。新抑留者中一三名がカナダ人のカトリック宣教師、三名が教師である。教師のなかには、熊本県で抑留されていた旧制第五高等学校英語教師ロバート・クラウダーや、北海道でスパイ容疑で検挙され、ようやく免訴となった小樽高等商業学校(現、小樽商科大学)教師ダニエル・マッキノンも含まれていた（『日米交換船』前掲）。

長崎から交換船で帰国するために横浜に移され、その後交換船中止で抑留されたカナダ人のガルニエ・デビエン神父、フェルナン・フィリオン修道士によると、神奈川第一抑留所（横浜競馬場）の待遇はきわめて悪く、小さな部屋で、冬でも毛布は二枚しか与えられず、しかも枕はなかったという。

四二年一二月末には、長崎から共に移送されてきたカナダ人のデニー神父が喉の病気のため、横浜山手の病院で亡くなった（アントニオ平秀應『宣教師たちの遺産』フランシスコ会アントニオ神学院、一九八八年）。そのため、神奈川第一抑留所のメンバーは五三名となった。この五三名の名簿は、国立公文書館や外務省外交史料館所蔵の名簿などによって復元できる（表6参照）。

抑留が始まって一年半たった一九四三年六月、神奈川第一抑留所は、横浜から遠く離れた足柄山《あしがらやま》のふもとに移転することになった。移転の直接の理由は、中区根岸の横浜競馬場を海軍が接収し、文寿堂印刷の工場として、軍関係の印刷に使用することになったためである。しかし、空襲の危険を避けるためにも、日本人との接触を制限するためにも、郊外への移転は必要だったと思われる。

表6　第二期神奈川第一抑留所（内山）抑留者名簿（一九四三年六月〜四五年八月）

No.	国籍	氏名(年齢)	職業	前抑留所	その後の経過
1	アメリカ	ジョセフ・クィニ(54)	前フォード社員	神奈川第一(表2 No.1)	終戦まで抑留
2		ゼームス・D・ミラー(55)	アイザック商会	神奈川第一(表2 No.2)	終戦まで抑留
3		エドワード・パーク(73)	ヘルム商会員	神奈川第一(表2 No.4)	一九四五年八月、死亡
4		ハリー・ブライデン(64)	フォード社員	神奈川第一(表2 No.5)	終戦まで抑留
5		フレッド・ゴールデン(72)	フォード社守衛	神奈川第一(表2 No.6)	第二次交換船帰国
6		ジョン・ミットワール(38)	無職	神奈川第一(表2 No.12)	終戦まで抑留
7		フランク・ジョナー・ケーキ(41)	音楽師	神奈川第一(表2 No.13)	一九四五年七月、死亡
8		ロバート・H・クラウダー(33)	教師(第五高校)	一九四二年一〇月、神奈川I	第二次交換船帰国
9		ダニエル・プルーク・マッキノン(52)	教師(小樽高商)	一九四二年一〇月、神奈川I	第二次交換船帰国
10		フランク・ステル・ブース(65)	会社役員	東京憲兵隊	終戦まで抑留
11	イギリス	ジョージ・ウィル・モス(51)	貿易商	神奈川第一(表2 No.17)	終戦まで抑留
12		アルフレッド・シモイス(56)	スタンダード社員	神奈川第一(表2 No.18)	終戦まで抑留
13		スタンレー・グリッグス(43)	慶応大予科講師	神奈川第一(表2 No.19)	終戦まで抑留
14		ウィリアム・H・ブレミー(26)	ワーナー映画社員	神奈川第一(表2 No.20)	終戦まで抑留
15		H・C・レッパー(51)	技師	神奈川第一(表2 No.21)	終戦まで抑留
16		ギルハム・ダコスタ(57)	東洋バブコック社員	神奈川第一(表2 No.22)	終戦まで抑留
17		A・M・カーデュウ(62)	ライジングサン社員	神奈川第一(表2 No.23)	一九四五年一月、死亡
18		アーネスト・ストラッド(64)	セール商会主	神奈川第一(表2 No.24)	終戦まで抑留
19		ハリー・リチャードソン(67)	無職	神奈川第一(表2 No.28)	終戦まで抑留

20		フレデリック・ダシルバー(42)	アンドレスジョージ会社	神奈川第一(表2 No.29)	終戦まで抑留
21		エドワード・ダウン(40)	弁天通橋本商店	神奈川第一(表2 No.30)	終戦まで抑留
22		D・L・アベー(61)	ユナイテッドクラブ書記	神奈川第一(表2 No.31)	終戦まで抑留
23		ジョージ・ウッドラフ(63)	ダウン商会	神奈川第一(表2 No.33)	終戦まで抑留
24		ヒュー・ウォーカー(36)	無職	神奈川第一(表2 No.35)	終戦まで抑留
25		ジョージ・ビーテ(38)	東京高等学校講師	神奈川第一(表2 No.36)	終戦まで抑留
26		チャールズ・H・モス(62)	洋酒輸入商	神奈川第二(表3 No.8)	終戦まで抑留
27		ジョアキン・ゴメス(35)	東神貿易商会員	神奈川第二(表3 No.11)	終戦まで抑留
28		ゼラルド・ゴメス(32)	ウィトコスキー商会員	神奈川第二(表3 No.12)	終戦まで抑留
29		ジョン・ゴメス(23)	学生	神奈川第二(表3 No.13)	終戦まで抑留
30		ウィリアム・Y・デュア(53)	宝石輸入商	神奈川第二(表3 No.17)	終戦まで抑留
31		シデンハム・Y・デュア(26)	学生	神奈川第二(表3 No.18)	終戦まで抑留
32		ウィリアム・フェーゲン(49)	元フォード社員	神奈川第二(表3 No.20)	終戦まで抑留
33		アラン・タイゼリッチ(56)	東京商大講師	神奈川第二(表3 No.22)	終戦まで抑留
34		H・G・ブルール(58)	東京商大予科講師	神奈川第二(表3 No.23)	一九四四年七月、死亡
35		エリック・ステワート・ベル(55)	教師	神奈川県警	終戦まで抑留
36	オランダ	H・ドンカーカーチス(54)	会社経営	神奈川第一(表2 No.50)	一九四三年八月、解除
37	ギリシャ	A・ヒトポウラス(35)	ヴァレンタイン号船員	神奈川第一(表2 No.47)	終戦まで抑留
38		コンスタンチン・リスアニデー(56)	輸入商	神奈川第二(表3 No.28)	終戦まで抑留
39		ジョージ・アデス・ステーブロス(44)	会社員	一九四二年一〇月、神奈川Ⅰ	終戦まで抑留

No.	国籍	氏名(年齢)	職業	前抑留所	その後の経過
40	カナダ	アーマレド・モリソン(36)	宣教師(＊1)	満洲→神奈川第一	終戦まで抑留
41		フェルナン・フィリオン(36)	宣教師(＊2)	長崎→神奈川第一	終戦まで抑留
42		クロビス・ボイスバート(36)	宣教師(＊3)	満洲→神奈川第一	終戦まで抑留
43		ジョージ・ヴァランカート(36)	宣教師	満洲→神奈川第一	終戦まで抑留
44		サルトー・ベランジェ(32)	宣教師(＊4)	満洲→神奈川第一	終戦まで抑留
45		ジョセフ・イウシーン・クリンチ(50)	宣教師	満洲→神奈川第一	終戦まで抑留
46		アデロード・デビエン(36)	宣教師(＊2)	長崎→神奈川第一	終戦まで抑留
47		エミリアン・ドーヴィル(44)	宣教師	満洲→神奈川第一	終戦まで抑留
48		オスカー・フォーチン(37)	宣教師(＊3)	満洲→神奈川第一	終戦まで抑留
49		フェルナンド・ギルバルト(30)	宣教師(＊3)	満洲→神奈川第一	終戦まで抑留
50		エミリアン・ホード(31)	宣教師(＊3)	満洲→神奈川第一	終戦まで抑留
51		ポール・レマイヤ(29)	宣教師	満洲→神奈川第一	終戦まで抑留
52		シャール・プレボ(47)	宣教師(＊5)	長崎→神奈川第一	終戦まで抑留
53	無国籍	ジェームス・B・エメリ(54)	荷役係	一九四二年一〇月、神奈川Ⅰ	一九四四年一〇月死亡

職業の欄のうち、宣教師の(　)内の＊は次の通り。＊1、ヴィアトール会。＊2、フランシスコ会。＊3、ケベック外国宣教会。＊4、ラ・サール会。＊5、聖スピルス会。『大正昭和カトリック教会史3』による。年齢は外交史料館所蔵の終戦時抑留者名簿による。

四三年六月二五日、神奈川第一抑留所の抑留者五三名は、東海道線国府津《こうづ》駅から御殿場《ごてんば》線に乗り換え、山北《やまきた》駅で下車すると足柄上郡《あしがらかみぐん》北足柄村内山《うちやま》へと移動した。移転先は、足柄上郡北足柄村（現、南足柄市）内山字《あざ》山の上二五八六に所在するカトリック修道会マリア会の山荘で、同会の設立した暁星《ぎょうせい》中学校（現、暁星中学・高等学校、東京都千代田区富士見）の夏期施設として使用されていたものであった。この山荘へは、御殿場線の山北駅から曲がりくねった山道を四キロ以上も登らなければならない。外国人たちにとって家族や友人のいる横浜を遠く離れての、北足柄村への移転は心細いものだったろう。

抑留所の建物は、建坪八八坪の二階建て木造洋館と、八九坪の二階建て茅葺《かやぶ》き日本家屋、そして附属の物置と風呂場である。これらの建物は、暁星中学より神奈川県が四三年五月一八日付で、暁星中学校を経営する日本マリア会から、一万一一〇〇円で強制的に買取っている（「県会・参事会記録」神奈川県公文書館資料）。ちなみにこの建物は、戦後の一九四七年北足柄中学校の校舎として払い下げられ、一九八七年まで使われた（図3参照）。

到着した抑留所建物をクラウダーは、「半世紀を経たとも見える古い洋館」で歩くと建物が揺れたと記している。ここでの生活は、クラウダーによれば、労働はなく収容者と警備の警官とのあいだはおだやかなもので、規則違反についての二、三の口論があっただけだったという。しかし、一方で食事の量と質の貧しさは耐えがたく、パンやバターを切望する生活だった。

図3　北足柄村内山の抑留所（マリア会山荘）
1943年6月以降，神奈川第一抑留所として使われた（アメリカ国立公文書館所蔵）．

茶碗半分のご飯と水っぽい味噌汁　それに　二かじりの生胡瓜《なまきゅうり》　そして昼食　期待はできない　おそらくはまた茶碗半分のご飯　それにうすい肉汁粥で煮たまるごと胡瓜あとはやかんの白湯《さゆ》のような薄い緑茶　パンが食べたい　パン無しの食事がもう十八日　バターがほしい　それに砂糖も……（『わが失われし日本』前掲）

というわけで、抑留所を抜け出して山百合の根を掘って腹の足しにするような生活だった。

抑留外国人のうち、横浜に家族がいる者の場合は、家族たちが内山の抑留所まで熱心に面会と差し入れに通った。抑留者の一人フランク・ブースは日魯漁業の会社役員だったが、日本人の妻はいろいろな差し入れを積み込んだ自転車を押して、山北駅から抑留所への道を登った。一三名のカトリック宣教師たちには差し入れをしてくれる家族はいないのだが、横浜のマリアの宣教者フランシスコ修道女会が、院長の心遣いで日本人修道女に一三名分の食料を持たせ、面会に行かせたこともあったという（『宣教師たちの遺産』前掲）。

四三年八月、エヴァミルクの輸入販売会社を経営していたオランダ人ドンカーカーチスが、病気のため抑留を解除され、横浜市中区の自宅に帰された。そのため、神奈川第一抑留所の収容人数は五二名となった（『外事月報』一九四三年八月分）。

長崎抑留所の移転

長崎抑留所は、開戦時には長崎市浦上《うらかみ》のマリヤ学院に開設され、九州各地の外国人が抑留されていたが、一九四二年一二月、女子一〇名が東京抑留所に移動させられた後、聖フランシスコ会のカナダ人修道士など男子一五名が長崎に残っていた。ところが一九四三年三月、この長崎抑留所は、長崎市本河内《ほんごうち》町の聖母の騎士修道院に移転した。それまで抑留所とされていたマリヤ学院が、三菱造船所の職員宿舎とされることになったためである。

聖母の騎士修道院は、ポーランド人のマキシミリアン・コルベ神父が一九三一年に設立した、コンベンツァル聖フランシスコ会の修道院である。コルベ神父は一九三六年に帰国し、修道院長はミチスラオ・ミロハナ神父が引き継いでいた。このミロハナ神父との交渉で、聖母の騎士修道院に付属する神学校の校舎が、警察による強制借り上げというかたちで抑留所とされた。

当時、修道院には二〇名あまりのポーランド人修道士と、七名ほどの日本人修道士がいた。しかし、ポーランドは当時ソヴィエト連邦の支配下にあったため、ポーランド人は敵国人扱いにならず、抑留されなかった。神学校には、一二歳から一七歳くらいの日本人の若者が三〇名くらい学んでいたが、彼ら神学生は隣りの旧《ふる》い校舎に移された。

神学校の校舎は、建物のまわりを高い板の塀で囲って抑留所とし、塀には出入り口を一ヵ所だけ設け、警察官が常に警備をしていた。たまにポーランド人修道士が塀の隙間から抑留された外国人に食べ物を差し入れることもあったという。抑留所の外国人用に肉の配給などがあったが、警察官が隠して横取りしてしまうこともあったようである（中村安五郎修道士より一九九八年一〇月聞き取り）。

この当時、抑留所の警備にあたっていた警察の記録としては『長崎県警察史　下巻』（長崎県警察史編集委員会、一九七九年）がある。これによると、抑留所長は長崎県警察部外事警察課の警部が兼任し、その他、外事課の三名の警察官が専従の警備員として配置されていた。戦争が長期化するに伴い、食料事情が悪化し、主食の配給も減少・欠配などと、ますます逼迫した。抑留者へ与えるパンも材料不足となり、肉類はもちろん、とうてい需要を満たすことは不可能で、課員が買い出しに廻っても、「敵の外人に与える食物はない」と言下に断られることが多く、このことにもっとも頭を悩ませたということである。しかし、そんななかでも抑留所に勤務する三人の傭人《ようにん》のうち牛飼いの経験のある者に乳牛三頭を飼育させ、抑留者に牛乳を与えたという。

秘匿された抑留者たち

捕虜情報局と国際赤十字

捕虜情報局への通知義務

一九三九（昭和一四）年九月、ヨーロッパで第二次世界大戦が勃発すると、スイスジュネーヴに本拠を置く赤十字国際委員会は、ただちに中央捕虜情報局を開設した。そして一九四一年一二月八日の日本の米英への開戦にともない、赤十字国際委員会議長マックス・ヒューバーは、翌一二月九日には日本国外務大臣東郷茂徳《とうごうしげのり》にあてて電文を送り、一九二九年の捕虜の待遇に関するジュネーヴ条約にもとづいて捕虜情報局を設置する提案を、日本政府に対して行なった。日本政府もこの提案を受け入れて、一二月二七日、陸軍省に「俘虜《ふりょ》情報局」を設置した。

また、赤十字国際委員会は、捕虜や民間人抑留者の情報を、ジュネーヴ中央捕虜情報局に伝達するよう求めた。一九二九年のジュネーヴ捕虜条約によれば、各対戦国は、捕虜や民間人抑留者の情報を、赤十字国際委員会中央捕虜情報局へ通知する義務があった。情報の内容とは、捕虜・抑留者の姓名、部隊名または兵種、認識番号、生年月日、出生地、留置の場所、その所在地、健康状態、家族の住所である。

日本政府は、四二年一月六日付で「相互条件に同意する交戦国に対し、情報交換のため俘虜に関する情報をジュネーヴ俘虜情報中央部に通報する」、「抑留非戦闘員に関しては出来得る限り俘虜に準ずる情報の交換をする」と回答した。アメリカにはその利益代表国のスイスを通じ、その他の交戦国には赤十字国際委員会を通じて同様の通知を行なった。その結果、赤十字国際委員会は、横浜在住の医師フリッツ・パラヴィチーニ博士を、赤十字国際委員会駐日代表者に任命し、日本代表部を設置した（『外事月報』一九四二年四月分）。

パラヴィチーニは、第一次世界大戦でも赤十字国際委員会の代表をつとめた経験があり、さっそく日本赤十字社、俘虜情報局、外務省との折衝を始めた。しかし、第一次世界大戦時と異なり、捕虜は欧米人だけでも最終的には一五万人にも達する膨大な数になり、前述のような詳細な情報を、捕虜にした後ただちにジュネーヴの中央捕虜情報局に通知するということは、現実的には不可能であった。

それでも日本国内に抑留された民間人抑留者については、その国籍と氏名だけは一九四二年三月一二日付けの電文で、外務大臣東郷茂徳からジュネーヴの赤十字国際委員会に送られた（「在本邦抑留非戦闘員名簿ニ干スル件」外務省外交史料館資料）。おそらく、これが連合国側への抑留民間人に関する最初の公式な情報提供ではないかと思われる。

通知されたのは、在日アメリカ人九〇名、グアム島から連行されたアメリカ人一二九名、イギリス人九六名、カナダ人七二名、オーストラリア人二名の計三八九名である。アメリカ人の名前のなかには、東京抑留所に収容されたポール・ラッシュの名前も載っているし、グアム島から連行され、神戸に抑留されたジェームズ・トーマスの名前もある。しかし、国籍と名前だけで、生年月日や出生地、抑留の場所などは書かれてはいない。また、約一ヵ月後の四月一五日付で、オランダ人二四名の名簿も電文として送付された。これには、オランダ人の名前のほかに生年と出生地も書かれている。たとえば、神奈川第一抑留所に収容されたドンカーカーチスの名前には、「1889 YOKOHAMA」と記されている（「在本邦抑留者蘭人名表送付ノ件」外務省外交史料館資料）。

通知された名簿と『外事月報』に記された抑留者数を対照してみると、『外事月報』ではアメリカ人二三二名（グアム島含む）、イギリス人九五名、カナダ人七三名、オーストラリア人一名、オランダ人二三名となっており、小さな誤差はあるがだいたい一致している。したがって、捕虜情報局へ通報した抑留者名簿は、故意の隠蔽《いんぺい》などは行なわれておらず、かなり正確なものだったと思われる。ただしベルギー人・ギリシャ人・ホンジュラス人・ノルウェー人などについては、その名簿は通知されていない模様で、そのためこの時点での抑留者総数は『外事月報』では四五三名だが、送付された名簿では四一三名と少ない。しかし、これも故意に隠したというより、大国への通知を優先させたためと思われる。

これによって連合国側では、抑留者の生存を確認することができたし、救恤品《きゅうじゅつひん》の手配や赤十字代表の抑留所視察訪問も行なうことができるようになった。

国際赤十字の人道活動

赤十字国際委員会の戦時における人道活動には、捕虜収容所や民間人抑留所を訪問してその状況を視察し、本国に通報するというものがある。それによって、抑留者への虐待や非人道的な行為を防ぎ、抑留者の待遇を良好に保つことをねらいとした。

日本政府がこの赤十字国際委員会の視察を受け入れたのと同じく、アメリカ・イギリス・オーストラリアなどの対戦国も、捕虜収容所や民間人抑留所への視察を受け入れ、その結果は日本に通知されてきた。この赤十字情報は、とくに戦争初期においては、対戦国の抑留の状況を知る貴重な機会だった。

たとえば赤十字国際委員会は、一九四二年三月六日付で、オーストラリアビクトリア州タツーラ収容所における七二四名の日本人抑留の状況を通報してきた。また、三月二四日には、アメリカニューヨーク湾内エリス島に抑留された約一一五名の日本人の状況を通報してきた。いずれも待遇も食事もきわめて良好ということだった（『外事月報』一九四二年四月分）。このような報告は、当然日本国内での連合国民間人抑留者の待遇に影響を与えることになる。

また、捕虜収容所や民間人抑留所を視察した赤十字国際委員会は、抑留者から不満や問題点について聞き取りをし、外務省に報告して待遇の改善を求めるという活動も、開戦時から終戦まで継続して行なった。赤十字と同じような活動を、アメリカの利益代表国となったスイスの領事館員も行なった。

赤十字国際委員会に通知された名簿には、戦前からの在日外国人に加えて、兵庫抑留所のグアム島アメリカ人も含まれており、そのため、グアム島アメリカ人は、在日外国人と同じように、早くからスイス領事館や赤十字国際委員会代表の訪問を受け、救恤金や救恤品を受け取った。たとえば、一九四二年三月一六日と四月九日には、スイス領事館名誉領事M・C・シャンプーが神戸市に抑留中のグアム島アメリカ人を訪問し、三月には一人当たり二〇円計二五八〇円、四月には一人当たり五〇円計六五〇〇円を届けた。テニス用具やレコード、シャツやシーツなどの慰問品も届けたが、これは収容者の数に足りないので抽選で分配された（『外事月報』一九四二年三月分、四月分）。

こうした訪問活動は、着の身着のままで敵国に捕われた抑留者にとって、実質的に抑留生活の助けとなり、精神的にも国際社会から忘れられていないという意味で慰めと励ましになった。ただし、事前に予告しての訪問であるため、日本側が視察の時だけ食事を良くしたり、抑留所の良いところだけを見せようとする作為が生じるのは防げなかった。

赤十字国際委員会は、抑留者の本国への郵便も取り扱った。ただし、通信を認められたのは、アメリカ人・イギリス人・カナダ人・オーストラリア人に限られ、宛先は本国の近親者または知人宛に、一人一通に限り、通信内容は検閲する、などの厳しい制限が設けられた。そのうえ通信は、日米あるいは日英間の交換船に託して送達することになったので、合計三回しかその機会はなかった。

一九四二年六月の第一次日米交換船では、東京・神奈川・兵庫・長崎・宮城・広島、つまりその時点で存在した六ヵ所すべての抑留所から合計二一七通の手紙が送られた。そのうちグアム島のアメリカ人を抑留した兵庫県からアメリカ宛のものが、半数近い一〇一通を占めた（『外事月報』一九四二年五月分）。

かくされた抑留所

戦時下で抑留された民間人に対する国際赤十字の人道活動については、先述したとおりである。ところが、こうした国際赤十字の人道活動から疎外され、国際社会から隠された抑留者の一群があった。以下、そうした抑留者について述べよう。

小樽のアリュート人

すでに占領地から連行された民間人として、一九四二年一月グアム島から連行され、神戸に抑留されたアメリカ人について述べたが、それ以降も続々と海外の占領地や拿捕《だほ》船から外国民間人が連行され、日本国内で抑留される事態が起こった。おそらく内務省や警察にとって、こうした海外からの連行者を抑留するのは、想定外だったと思われる。しかし連行した以上、民間人であるため「捕虜収容所」ではなく「敵国人抑留所」に抑留され、その管理も在日外国人の場合と同じく警察が行なうことになった。

一九四二年六月八日、アメリカ領であったアリューシャン列島のアッツ島を一一四三名の日本軍が占領した。予想したアメリカ軍守備隊は存在せず、あっけないほどの無血占領だった。アッツ島は北緯五三度に位置する、強風と濃霧に覆われた樹木の育たない極寒の島である。モンゴロイド系の先住民アリュート人たちが、サケやアザラシの漁を中心とした生活をしていた。日本軍上陸時、アリュート人たちは混乱して山に逃げ込んだが、やがて戻ってきて日本軍による占領を受け入れ、アリュート人四二名と、アリュート人たちの英語教師であったアメリカ人女性エッタ・ジョーンズは日本軍により「保護」された。このうちエッタ・ジョーンズはただちに横浜に送還され、後述するオーストラリア人看護婦らとともに抑留生活を送ることになった。

一方、島の首長マイク・ホジコフ以下のアリュート人たちは、九月になってアメリカ軍の反攻が本格的になってくると、北海道に送られ、小樽《おたる》市に開設された敵国人抑留所で、終戦までの生活を過ごすことになった。彼らの抑留生活については、スチュアート・ヘンリ氏による調査研究が行なわれ、「アリュート民族と戦後補償」（『法学セミナー』一九九四年九月号）などの論文が発表されている。これらによると、四二名のアリュート人のうち、一名は老衰のため、一名は日本軍上陸の時に流れ弾にあたって死亡した。残り四〇名は、四二年九月二六日、石炭輸送船長田丸で北海道小樽市に送還された。彼らを小樽へ連れてくることになった事情について、アッツ島を占領した穂積《ほづみ》部隊の主計少尉だった太田金次郎氏は、

アリュートをどうするか。会議は毎晩続けられたが、処分するなどという選択肢はまったく出なかった。そのまま残していく事も検討されたが、情報もれが考えられるので大本営に打電し、日本へつれていくことにきまった。

（スチュアート・ヘンリ「昭和十七年小樽四十名のアリュート人」『諸君』一九八〇年一〇月号）

と証言している。

アリュート人は、九月二八日付で海軍省から北海道庁に正式に引き渡され、『外事月報』によれば、小樽市若竹町四〇紺野喜太郎氏所有の木造二階建住宅（スチュアート・ヘンリ氏によると若竹町三八番地、もと国鉄独身寮）を使用して開設された北海道抑留所に収容された。大人一二名子供二八名よりなる一三世帯だった。

彼らにとって小樽での抑留生活は、環境の変化と生活習慣の違いから、厳しいものになった。食料はアッツ島にいたときのラード漬けの魚など高蛋白《たんぱく》高カロリーの食料から、漬物・ご飯・干物など淡白な日本食に変わり、全員が空腹に悩まされたという。また、栄養不足に加え、結核が猛威を振るい、抑留当初から死亡者が続出した。

アリュート人に課した労働

先にも述べたが、一九四三年二月一日に内務省通牒《つうちょう》として「抑留敵国人処遇取締基準」が送達され、抑留維持のための労働を課すことと、困窮者に対しては有償室内労働を斡旋《あっせん》することが認められるようになった（本書一〇二ページ）。

ところが、アリュート人はこの基準制定に先立って、抑留からほぼ一ヵ月経った四二年一〇月末から、三興カオリン鉱業所などで粘土鉱石採取の作業をさせられている。これは「希望者」を対象とした有償の労働ということで、壮年男子一四名がこれに応じて働いた。しかし、一ヵ月あまりで積雪と結核の蔓延《まんえん》のため、作業は中断された。ところが、翌四三年一月一九日には、「能率上低調を免れ難きも忠実勤勉なるを認められたるを以て」彼らの土木作業が再開させられた（『外事月報』一九四三年二月分）。同年五月の時点では、連日午前八時から午後四時三〇分までの作業が行なわれ、平均三、四名が就労したという。

この土木作業は、強制ではなく、一日一円の報酬が支払われたということであるが、当時の労働者の初任給が一日あたり一円七〇銭程度であったことから考えても、正当な賃金とはいえない。また、異郷で警察官監視の下で集団生活をさせられている抑留者の立場では、与えられた労務を自由に希望したり拒否したりできるものではない。しかも四三年一月は、アリュート人のうち一六名もの結核患者が入院しており、一名が死亡したという時期である。全員が結核感染者であった彼らにとって、厳冬期の一月の労務の再開は過酷な強制労働だったといわなければならないだろう。

一九四四年四月、抑留所は小樽市清水町の武道場に移転し、彼らのうち一七、八人は抑留所のすぐ近くにある結核専門の小樽療養所で入院生活を送った。その後も死亡者は続出し、終戦時に生き残ってアメリカ軍により解放されたアリュート人は、二五名にすぎない。小樽で生まれた五人の嬰児《えいじ》のうちの四人、上陸した四〇名のうち一六名の計二〇名が、抑留生活中に命を落としたのである。全国一〇都道県の敵国人抑留所中、もっとも死亡率の高かったのが、この北海道抑留所である。

ラバウルの看護婦

一九四二年七月、日本軍のニューブリテン島ラバウル占領にともなって、オーストラリア人看護婦（現、看護師）ら一八名の女性が日

図4　横浜に抑留されていたオーストラリア人看護婦たち
戦後解放されて，マニラで撮影したもの（オーストラリア戦争博物館所蔵）.

本軍に捕らわれた。彼女たちは日本に連行され、終戦まで神奈川県横浜市内の抑留所に収容されることになった。彼女たちの横浜での抑留生活は、日本ではほとんど知られていない。しかし、オーストラリアでは、日本軍の捕虜となって連れ去られた看護婦たちへの関心は高く、オーストラリアへ帰国した看護婦アリス・ボーマンの手記『Not Now Tomorrow』や、キャサリーン・ビグネルの手記『Yield Not to the Wind』が出版されたり、看護婦たちからの聞き取りや、当時の日記・メモをもとに、ハンク・ネルソン、ロッド・ミラー、マーガレット・リーソン各氏らによって研究が行われている。

アジア太平洋戦争開戦から一ヵ月半ほどたった一九四二年一月二三日、ニューギニア島の東北に近いオーストラリアの委任統治領ニューブリテン島に、約一万五〇〇〇の日本軍が上陸した。二六日までの戦闘で、島の主要部分は日本軍に占領され、守備にあたっていたオーストラリア軍の損害は、戦死者約三〇〇名、捕虜八三三名にのぼった。

一月二二日、日本軍上陸に先立つ艦砲射撃のなかで、オーストラリア軍野戦救護部隊の病院は、島都ラバウルから島の海岸沿いを東に車を連ねて移動し、ココポの先のカトリック・ブナポープ宣教会（Vunapope Mission）の施設に退避した。ここには、すでに四人のメソジスト病院看護婦が避難してきていた。到着した六人の陸軍看護婦は、メソジスト看護婦と協力して宣教会の建てた学校を臨時の病院とし、次々運び込まれる患者の救護にあたった。その夜、彼女たちは、コンクリートの床の上でほとんど眠ることもできない一晩をすごした。二三日早朝、二名の軍医と衛生兵のほとんどは、日本軍上陸直前に宣教会を出てジャングルのなかに撤退し、聖公会の従軍牧師ジョン・メイと看護婦たちが、八〇名を越す患者とともに残された。

午前一〇時、上陸した日本軍は、教会の前の芝生を一列に並んで進んできた。ジョン・メイが両手をあげ、表に掲げた赤十字のマークの入ったベッドカバーを示して、日本軍に降伏を申し入れた。患者や衛生兵とともに一列に並ばされ、看護婦たちの恐怖は頂点に達したが、三時間もの尋問後、仕事を続けるよう命じられた（Alice M Bowman, *Not Now Tomorrow*, Daisy Press, 1996. Rod Miller "Lost Women of Rabaul" 2006 未刊行）。

捕虜になった看護婦たちは、「医者がいないなら看護婦として認めない」と主張する日本軍に直面し、絶え間のない恐怖と暴力にさらされた。オーストラリア人捕虜の証言を集めたハンク・ネルソン著『日本軍捕虜収容所の日々』（筑摩書房、一九九五年）によると、看護婦たちは安全な場所を求め、時には患者のベッドの下で眠ることもあった。お辞儀のしかたが悪いと、信じられないような勢いで殴られることもあった。軍看護婦たちは最後の時のために、制服のポケットに自決用のモルヒネの小瓶を携帯していた。日本兵の前では絶対に泣くところを見せない、それがせめてもの誇りだったという。

最初の週、夜間に日本兵が看護婦らの部屋に押し入ろうとしたため、彼女たちが修道院長に訴え、ドイツ人の司教が日本軍司令官に、「夜間は誰も修道院に近づくことを許さない」と申しわたして看護婦を守った。看護婦たちは、宣教会の施設で患者の看護にあたったが、二月二八日で病院は閉鎖され、その後は同会の修道院で捕虜生活を送った。二月中にラバウルの民間病院看護婦六名、ニューアイルランド島ケビンの民間病院の看護婦一名もブナポープ宣教会に連れてこられた。計一七名の看護婦たちのリーダーは、一八〇チセンの長身の陸軍大尉ケイ・パーカー（当時三二歳）だった（『Not Now Tomorrow』前掲）。

一九四二年七月四日、四ヵ月あまりの捕虜生活の末に、一七名の看護婦とニューブリテン島の農場主女性一名、計一八名のオーストラリア人女性は、移動を命じられ、あわただしくトラックで港へ運ばれた。翌五日、彼女たちは捕虜となったオーストラリア軍将校約六〇名とともに、鳴門丸《なるとまる》（七一四二トン）で日本に送られた。真夏の赤道を越える一〇日間の苦しい航海後、七月一四日、船は横浜港に到着した。彼女たちは、戦争中日本本土に収容されたオーストラリア人捕虜の最初の一団だった。

横浜での抑留生活

横浜港に着いた翌日の七月一五日、看護婦たち女性のみが下船させられ、横浜港に面したバンドホテルに収容された。バンドホテルは、横浜港に面したバンド（bund 海岸通り）沿いの、一九二八年創業の外国人向けホテルである。当時の主人は英語が堪能な斉藤神与子《かよこ》で、二階建ての建物に五〇室の客室があった。先に述べたように、第一次交換船で帰国するために、日本各地から横浜に集合した外国人が宿泊したのもこのバンドホテルであり、この時期には、九月に出航する予定の第二次日米交換船に乗船する外国人の待機場所ともなっていた（本書七四、九一ページ）。

このバンドホテルで、看護婦たちは思いがけず一人の白人女性と会って驚くことになる。アリューシャン列島のアッツ島で捕虜となった、アメリカ人教師エッタ・ジョーンズ（当時六三歳）である。日本軍のアッツ島上陸翌日、機械技師兼アッツ島の気象観測員だった夫のフォスター・ジョーンズは日本軍に殺害された。エッタ・ジョーンズは日本軍に捕われ、アリュート人たちとは別に横浜に送還され、六月二一日ころからバンドホテルに収容されていたのである。同じような立場の女性として、エッタ・ジョーンズとケイ・パーカー以下一八名のオーストラリア人は、終戦までの三年あまりを、励まし合いながらともに過ごすことになった。

バンドホテルでは、清潔な部屋と食事が彼女たちを喜ばせたが、それははじめのうちだけで、食事はだんだん量が少なくなっていった。彼女たちは、ホテルの食料品置き場からこっそり食品をくすねるようになった。ホテルの屋上からは港が見えたが、彼女たちが希望をつないだ白い十字の印をつけた交換船は、ある日忽然と姿を消していた。ここで三週間ほど過ごした後、八月五日にオーストラリア人たちは神奈川第二抑留所とされていた横浜ヨットクラブに移された（「Lost Women of Rabaul」前掲）。

神奈川第二抑留所には、開戦とともに三〇名ほどの在日外国人が抑留されたが、六月の第一次日米交換船でそのうち一部が帰国し、残りの抑留者は神奈川第一抑留所（横浜競馬場）へ統合され、六月二六日をもって神奈川第二抑留所はいったん廃止されていた。その空いた抑留所に、八月からはオーストラリア人看護婦たちが収容されたのである。

抑留所である横浜ヨットクラブの建物は、新山下町のヨットハーバーに面した、鉄筋コンクリート二階建ての建物で、抑留所となってからは周囲に高い塀をめぐらしていた。彼女たちは二階に居室をあてがわれた。実は、このヨットクラブには、七月一四日以来、ラバウルで捕虜となり彼女たちとともに、鳴門丸で日本に運ばれたオーストラリア軍将校の一団が収容されていた。ケイ・パーカーとともに看護婦を統率して日本軍に投降した、牧師のジョン・メイもその一人だった。四日後の七月一八日には、メイを含むほとんどの将校が列車で香川県善通寺《ぜんつうじ》の捕虜収容所に移送されたが、八名の将校はまだヨットクラブの階下に残っていた。彼らとの接触は禁じられていたが、看護婦たちは自分たちの声が階下に聞こえるように大声でしゃべったりして、様子を知らせたという。しかし、喜びもつかの間で、残りの将校たちも八月二四日、香川県の善通寺捕虜収容所に送還されていった（『Not Now Tomorrow』前掲）。

その後、九月には、全国的な敵国人抑留拡大措置によって、横浜英和女学校のハジスや山梨英和女学校のグリンバンクなど、女性宣教師や修道女がこのヨットクラブに抑留された。彼女たちは一時期同じ屋根の下に同居したことになるが、二階に収容されていたオーストラリア看護婦と、新たに抑留された宣教師たちとの接触はなかった。やがて、宣教師たちは東京の警視庁抑留所（菫《すみれ》家政女学院）に移送され、神奈川第二抑留所の収容者は、またオーストラリア人看護婦とジョーンズ夫人の一九名の女性だけとなった。

横浜ヨットクラブの日々

横浜ヨットクラブでの看護婦たちは、ニューブリテン島の捕虜収容所にいた時のような虐待を受けることはなかったが、手内職のような作業が課された。『日本軍捕虜収容所の日々』のなかで、看護婦の一人は、

封筒貼りをやらされたわ。封筒をごまんと作らされた。でも、糊って食べられることに気づいたのよ。食べてるのを見つかってから、二度と封筒貼りは回ってこなかったわ。つぎは小さな袋編みをやらされた。……何百万という数を作ったわ。これをやらされてた九ヵ月というもの、下の階で作業をしたときを除いては、全く地面に足をつけなかったわ……。

と語っている。この作業は一九四二年八月から始められたもので、『外事月報』一九四二年八月分には、

邦貨を所持せざる為日用品其の他購求に窮し居れる状況なるに付、……健康保持並《ならびに》小使銭収得等の見地より御守袋の製作作業に従事せしむることとなり……抑留者間に於《おい》ても相当興味を覚えたるものの如く、継続従業せしむる予定なり。因《ちな》みに一人一日の製作能力五個乃至《ないし》七個にして約二十銭の収入となり一ヶ月六円に達すべく予想せらる。

と記載されている。つまり、ちり紙や石鹸のような日用品を自分たちの金で購入させるために斡旋《あっせん》したアルバイト、というのが作業をさせる名目だった。ニューブリテン島の戦場から身一つで連行された看護婦たちが、日本の貨幣を持っているわけはない。その彼女たちに「無為徒食《むいとしょく》は許さない」とばかりに、来る日も来る日も単純作業をやらせ、一日二〇銭という申しわけ程度の賃金を与えたのである。北海道小樽市のアリュート人と比べると、室内の軽作業ではあるが、賃金はさらに低い。

一九四二年の秋が深まり寒くなってきたが、看護婦たちは看護婦の制服以外ほとんど服を持っていなかった。警備の警察官が一度だけ服を作るようにと生地を支給してくれて、洋裁の得意な看護婦のドラ・ウィルソンが、古いシンガー・ミシンを借りて皆の服を縫った。固い厚地の服は格好のいいものではなかったが暖かく、彼女たちはこれをクーリー・

スーツと呼んで愛用した。

四二年一二月二四日のクリスマスイブの日、この抑留所にはじめて赤十字国際委員会の代表マックス・ペスタロッチが訪れ、日米交換船が積みこんで持ち帰った赤十字の慰問小包を届けた。チョコレート・ココア・スープ・コンビーフ・ジャム・ビスケットなどが入った小包に、彼女たちは涙を流して大喜びした。ペスタロッチは、抑留者を励ますオーストラリア政府からの電報を読み上げ、彼女たちの要望を聞き、返事を約束した。ところが、不思議なことに、ペスタロッチはこの訪問にもかかわらず、彼女たちの存在をジュネーヴの中央捕虜情報局に報告しなかった。したがって、彼女たちの存在はオーストラリア政府に通知されることもなく、彼女たちは国際的に孤立したままだった。

終戦直後に赤十字国際委員会代表として日本に赴任したマルガリーテ・ストレーラーの報告によれば、抑留所を管理する警察が、赤十字代表の訪問は非公式なものであるとして、国際赤十字への報告を厳しく禁じたため、ペスタロッチは報告することができなかったと思われる（「Lost Women of Rabaul」前掲）。

このようにして、彼女たちは約二年間を横浜ヨットクラブで過ごした。四三年九月には、白い十字の印をつけた第二次日米交換船が、またしても彼女たちを乗せずに去っていったのを目撃した。そして一九四四年七月になって、彼女たちの収容された神奈川第二抑留所は、戸塚区《とつか》（現、泉区）和泉町へ移転する。戸塚で過ごした彼女たちの抑留の最後の一年間は、食料不足が深刻になりますます厳しいものになるが、それは後で述べることにしよう。

福島のナンキン号乗客

秘匿《ひとく》された抑留者は、まだ他にもいた。一九四二年七月、ドイツ仮装巡洋艦に拿捕されたイギリス船の乗客乗員一三八名が横浜港に到着し、福島県福島市に新設された抑留所に収容されたのである。この抑留所については、紺野滋氏の『福島にあった秘められた抑留所』（歴史春秋社、一九九一年）や、遠藤雅子氏『赤いポピーは忘れない』（グラフ社、二〇〇二年）などにその詳しい研究成果が記載されている。

一九四二年五月一〇日、ドイツの仮装巡洋艦トール号によって、インド洋上でイギリスの貨客船ナンキン号（七一三一㌧）が拿捕された。ナンキン号はオーストラリアのシドニーからスリランカに向けて航海中だったが、トール号の攻撃を受けて降伏し、乗客と船長など乗務員の一部はトール号に移された。五月一四日、トール号に収容されたナンキン号の乗客乗員の大半二五五名は、ドイツの補給艦リゲンズバーグ号に移された。この時、リゲンズバーグ号には、同じくトール号に襲われて沈没したイギリス船ウェルパーク号・ウィルスデン号・カークプール号の生存者、ノルウェー船オースト号の乗組員が乗船していた。

五月三一日、リゲンズバーグ号に収容されたナンキン号乗客のうち、女性・子ども・スチュワード・スチュワーデス・事務長・見習い・船長の計八三名と、すでに収容されていたイギリス船ノルウェー船の乗員のうち負傷していた二二名の、合計一〇五名は補給艦ドレスデン号に移された。そして六月二四日、ドレスデン号は横浜港に入港。七月二日には、ドレスデン号の一〇五名は、横浜港に停泊中のラムセス号に移された。ラムセス号には、すでに五月一二日にタンネンフェルス号に乗せられて入港した、トール号に撃沈されたギリシャ船パガステテコス号の乗員など、民間人三三名が収容されていた。

七月九日、ラムセス号で合流した計一三八名は、ドイツ大使より外務大臣宛ての抑留依頼にもとづき、日本内務省に引き継がれた。そして、日本の警察に引き渡され、ドイツ海軍の通商破壊活動の動静秘匿の必要から、密かに一〇日の夜行列車で横浜から福島県に送られ、七月一一日、福島市花園町一二のノートルダム修道院を接収した抑留所に収容された。

図5　福島抑留所とされたノートルダム修道院

この修道院は、カナダに本部を持つコングレガシオン・ド・ノートルダム修道会によって建てられた、床面積六一〇坪の堅固な木造二階建ての西洋建築で、一九三五年に竣工した。外壁を白い漆喰壁で塗った美しい建物は、今も当時と変わらない姿で現存している（図5）。アジア太平洋戦争開戦時には、この修道院に、カナダ人四名、日本人五名の、計九名の修道女が生活していた。開戦後は敵国人となったカナダ人修道女は、特高警察の監視を受けながら、修道院内で静かに生活していた。

ところが一九四二年六月末、内務省からの突然の電話で、修道院を外国人の抑留所とするため、一〇日以内に明け渡すようにと指示された。七月九日、修道女たちは会津若松市栄町四八〇の聖テレジア寮にあわただしく移転し、一一日には福島県警の警察官に引率された外国人抑留者の一行が到着した。

福島抑留所の特徴

ドイツ海軍から日本内務省に引き継がれた一三八名のうち、少年一名は拿捕時に負った怪我のため、横浜で入院治療を受けることになり、福島に送られたのは一三七名だった。そのうち、八月に男性一名、九月に男性一名が病気で亡くなり、一名の出生があったため、一〇月時点では抑留人員は一三六名となった。この時点での男女比は、男子一〇三名、女子三三名、またそのうち一一名は乳幼児だった。

その後、一一月にはドイツの仮装巡洋艦ミヒャエル号が撃沈したイギリス船グロウセスター・キャッスル号の生存者で、ドイツ海軍から引き継いだイギリス人母子四名が福島抑留所に移送され、抑留人員は一四〇名となった。この時点での抑留者の国籍別人数はイギリス人八〇名、ギリシャ人二〇名、イギリス系中国人一七名、南アフリカ人六名、オーストラリア人五名、アラビア人五名、インド人二名、マレー人二名、カナダ人・トルコ人・スペイン人各一名と一一ヵ国に及んだ（『外事月報』一九四二年一一月分）。その後、怪我で横浜に残された一名は回復して、四三年一一月に福島抑留所へ移され、抑留人員は一四一名となった。

この抑留所で特異なのは、抑留外国人が一〇ヵ国以上におよぶ多国籍で、年齢もトール号で生まれたゼロ歳児から六〇歳代までと幅があり、男女混合、職業もさまざまな集団であるという点だった。このような抑留所は他にはない。ただし大まかには、ギリシャ人・アラビア人・南アフリカ人の計三〇名あまりはナンキン号などドイツ艦に拿捕されたり沈没させられた船の船員であり、残りのイギリス人を中心とする一〇〇名あまりは乗船客だった。

警察側は、たとえ夫婦であろうとも、男女は隔離して収容する方針をとり、約一〇名ごとに男子を一〇班、女子とその幼児を一緒にして四班に編成した。そして、男女それぞれに部長一名、各班ごとに班長一名を任命し、抑留者全員の指導統制を行なわせた。抑留所の一階には、警備隊詰所・食堂・ホールなどがあり、二階が居室となった。男女は厳格に分けられ、建物の右側が男子、左側が女子と母子の部屋とされた。男女の居住区は頑丈な鉄の扉で仕切られ、たとえ夫婦でも、週一回面会所とされた一階のホールでしか会うことが許されなかった。

この福島抑留所では、強制労働といえるものはなかったが、一九四三年五月から男子抑留者四四名に果樹園で使用する紙袋原料の古書籍の解綴《かいてい》作業が課されている。これは、抑留者の「無為徒食を排し自立収利を目標とする」もので「希望者」に対し行わせる有償労働であった。同じように、女子に対しては、民需用の手袋括《くく》り作業を課すことも計画された。賃金としては、翌月四四名の一二日分の総計として一二〇円五六銭が支払われた（『外事月報』一九四三年五月分、六月分）。一名あたり一日約二三銭にしかならない。

抑留者の食事に関しては、肉やパンは特配で最初の頃は順調に入ったが、一九四四年ころから食料難が深刻になり、終戦近くの主食は雑炊のようなスープしか作れない状況になっていた。「ほとんどの抑留者が二〇キロ以上やせてしまった」という証言もある。そんな中、一九四五年四月、一人の女性が病気で亡くなる。亡くなったのはナンキン号のスチュワーデスだった、オーストラリア人エリザベス・グリソン（四三歳）である。さらに終戦直後、アメリカ軍による救援物資のパラシュート投下による事故で、オランダ人女性カロライン・エレーナ（三一歳）が亡くなっており、この抑留所では計四名の死亡者が確認されている（『福島にあった秘められた抑留所』前掲）。

病院船オプテンノール号

連行型抑留者のなかでもっとも厳重に秘匿されたのは、宮城県と広島県に抑留された、オランダの病院船オプテンノール号の乗組員である。宮城抑留所も広島抑留所も、開戦時には在日外国人を収容した抑留所であったが、抑留メンバーは一九四二年一二月をもって、がらりと交代する。

宮城抑留所の場合、開戦時には宮城県内で活動していたカナダ人修道士や修道女を中心として五三名が収容され、四二年三月には抑留所の統合により、青森県・秋田県・岩手県・福島県の抑留者も宮城県に移送され、計七四名を収容していた。その後、修道女二七名が抑留を解除され、六月の日米交換船と七月の日英交換船によって計二二名が帰国し、七月末の時点で抑留者数は二六名となった。四二年一〇月には、全国的な抑留拡大措置によって、新たに北海道で抑留された女子五名が宮城抑留所へ統合され、一〇月末時点で宮城県には三一名が抑留されていた。ところが一二月、このうち男子二四名は一〇月新設の埼玉抑留所へ、女子七名は東京警視庁抑留所へ移送され、『外事月報』に記載された抑留者数はゼロとなった。

広島抑留所もこれと似たような経過をたどる。開戦時、広島県三次《みよし》町の抑留所には、プロテスタント宣教師・修道女・大学教授ら一四名が抑留されたが、このうち一部は抑留解除され、三月には岡山県からノートルダム清心女学校の修道女一二名が統合されて計二〇名を収容した。その後、交換船による帰国などで、七月末には抑留人員一九名となり、九月抑留拡大措置で山口県・鳥取県の新抑留者が広島県に収容されて計二二名となった。そして一二月、男子三名は埼玉抑留所へ、女子一九名は東京警視庁抑留所へ移送され、数字上は抑留人員ゼロとなったのである。

この一九四二年一二月の時点で、宮城抑留所・広島抑留所とも本当に抑留者がいなくなり、閉鎖されたのであれば問題はない。ところが、『外事月報』には記述がないにもかかわらず、在日型抑留者を埼玉と東京へ移した後に、新たに隠された抑留者が収容されたのである。

『外事月報』には四三年一月以降、宮城県と広島県の抑留者数は掲載されなかったが、一九四四年三月分にのみ、なぜか宮城県オランダ人三五名、広島県オランダ人四四名という抑留者数が記載されている。そして、国立公文書館所蔵の終戦時抑留者名簿「LIST OF INTERNEE」には、宮城抑留所にはインドネシア人三四名、広島抑留所にはオランダ人四四名の抑留者名や年齢が記載されているのである。

また、外務省外交史料館には、一九四五年八月一四日付けで赤十字国際委員会駐日代表宛てに送付された、宮城抑留所と広島抑留所の抑留者名簿原稿が存在する。外務省外交史料館の名簿には、名簿送付にあたっての口上書がつけられており、広島県の場合、

皇軍ニ依リ南方ニ於テ捕獲セラレ広島県双三《ふたみ》郡三次《みよし》町愛光保健園ニ抑留セラレ又ハ同

園ニ於テ保護ヲ加ヘラレ居ル和蘭国籍人四十四名ノ名簿……

（「広島県愛光保健園蘭人抑留者及保護者名簿ノ件」外務省外交史料館資料）

と記されている。宮城県の場合も同じような口上書が付いている。

実はこの隠された抑留者のうち、広島抑留所に収容されていたのは、オランダの病院船オプテンノール号（六〇七六トン）の、タウジンハ船長と、高級船員や船医、看護婦ら四四名であり、宮城抑留所に収容されていたのは同じオプテンノール号のインドネシア人下級船員三五名だった。この謎の病院船については、三神國隆氏が長年の研究によって明らかにし、『海軍病院船はなぜ沈められたか』（芙蓉書房出版、二〇〇一年）に記している。

同書によれば、オプテンノール号は一九二七年にオランダのアムステルダムで建造され、客船としてインドネシア海域を就航していたが、四一年一二月にオランダ海軍に徴用され、四二年二月、病院船に改装された。しかし四二年二月二六日、インドネシア、スラバヤ沖海戦に際して日本軍に拿捕《だほ》され、スラウェシ島のマカッサルに回航され、約九ヵ月間留め置かれた後、国際法に違反して日本に回航された。横浜港に着いたのは、四二年一二月五日だった。その後、船は日本の海軍病院船に改装され、天応丸《てんおうまる》と名づけられて、実際に四三年から終戦まで戦場の海で活躍することになる。

一方、オプテンノール号の乗員は、一二月一九日、全員下船を命じられ、船長以下高級船員一八名、軍医七名、看護婦一五名、看護士二名のオランダ人と機関士ら二名のインドネシア人の計四四名は、広島県三次の抑留所へ送られた。水夫や給仕ら三五名のインドネシア人下級船員は、宮城県仙台の抑留所へ送られた。彼らは、四二年一二月に宮城県・広島県の在日外国人抑留者が東京・埼玉へ移動した直後、入れ替わりに収容されたのである。いや、むしろ従来の抑留者を東京・埼玉へ移したのは、抑留所を空けて日本へ連行してきたオランダ人・インドネシア人を抑留するためだったとも考えられる。

当時、広島県抑留所の警備を担当していた田和義孝巡査は、広島県抑留所のアメリカ人修道女やベルギー人神父を警護して東京抑留所と埼玉抑留所へ移送し、その帰りにオランダ人高級船員や軍医らを引き取って、広島県へ警護引率してきたのである（「愛光園の人々」前掲の著者和田勝恵氏の一九九一年七月田和寿厳氏からの聞き取りによる）。

三次では、愛光保健園の建物が彼らの抑留所とされた。一部屋に三人、大きめの部屋には四人が入れられたという。これまで二〇名前後の抑留者しか収容されていなかった幼稚園の建物に、四四名を収容するのは、狭く不便であった。一九四四年五月、この建物の隣りに看護婦を収容するための別棟が建てられ、ようやく居住環境は良くなった。抑留所内ではとくに労働が課されることはなかったが、炊事や掃除など抑留所内での仕事はすべて抑留者が自分たちでやらなくてはならなかった。

宮城県仙台市の元寺小路《もとてらこうじ》教会を抑留所に収容されたインドネシア人水夫らも、終戦まで抑留される。彼らの抑留生活がどのようなものだったか、くわしくはわからないが、待遇は悪いものではなかったという。ただし、彼らが抑留された元寺小路教会は、四五年七月一〇日の仙台空襲のため焼失してしまう。おそらく、インドネシア人たちはそこを焼け出され、抑留所は同じ仙台市内の角五郎丁教会に移転したと思われる。そして、角五郎丁教会で、彼らは終戦を迎える。広島のオランダ人たちのあいだには一人の死亡者もなく、戦後、全員帰国を果たすが、仙台のインドネシア人のなかでは、火夫一名が病死している。

彼らが日本に到着して間もないころ、横浜港にオプテンノール号が停泊しているあいだに、タイジンハ船長は、スイス領事か赤十字国際委員会日本代表との接触を試みたが、日本側はその要求をいっさい拒絶したという。彼らの存在は、その後二年半のあいだ、国際社会から秘匿《ひとく》されつづけた。外務省が彼らの名簿を赤十字国際委員会日本代表宛に送付したのは、日本がポツダム宣言を受け入れて降伏した、一九四五年八月一四日である。

このように存在を隠しつづけたのは、日本海軍が国際法に違反して病院船を拿捕し、しかも、そのオランダ船を改装して日本海軍の病院船として使役したという、二重の国際法違反を隠蔽《いんぺい》するためだったのではないかと考えられる。

連行型抑留者の死亡率

これまで、北海道、神奈川、福島、広島、宮城各県に抑留された抑留者について述べてきたが、こうした海外から連行された外国人は、自らの意志で日本に留まった在日外国人とは異なり、意識としては戦争捕虜に近いものがあると思われる。また、内務省が開戦前から抑留の対象と想定していた壮年男子に限らず、女性や子供を含み、その構成は多様である。

慣れない生活環境

「敵国人」抑留は、本来、日本国内に在住する外国人を、防諜と身柄の保護のため一定の場所に収容するという発想で計画された。この本来の抑留対象であった在日外国人は、日本に生活基盤をもち、日本語や日本の生活習慣にも慣れ、何よりも仕事に対する使命感や家族への責任感から自らの意志で戦火の迫るなか、残留を選んだ人たちである。親日的で日本人とのあいだに家庭生活を営んでいた人も多い。したがって、抑留後も自分の資産から日用品を自弁することができ、家族や友人からの支援を受けることもできた。

それに対し連行型抑留者の場合、いずれも戦地で戦火をくぐりぬけ、極度の疲労とストレスにさらされた後、自らの意志に反して日本へ連行されたものである。したがって、日本語を解せず、日本の気候風土に慣れず、食事や生活習慣もまったく異なる。また、着の身着のままで抑留され、日用品を買うことも、差し入れを受けることもできなかった。精神的にも、敵国に対する恐れや不安は、より強烈なものであると想像される。

そのためか、連行型抑留者の場合は、先に述べたように抑留当初から病人や死亡者が続出している。それに関して内務省警保局では、

> 最近健康異常者増加の兆《きざし》あり、殊《こと》に例之兵庫県に於て抑留中に係るグアム島米国人非戦闘員、福島県に於て抑留中に係る特殊抑留者、北海道庁に於て抑留中に係るアリュウシャン列島熱田島〔アッツ島〕土民等在外者たりし抑留者に多きを認められ、之等《これら》は我国の気候風土に適順せざる結果に因《よ》るべきものと認めらる　（『外事月報』一九四二年一一月分）

と分析している。しかし、彼らの健康状態を憂慮しながらも、「抑留者の健康の維持増進

は単に捕獲国に於て与えられる施設と対策にのみ負託依存すべきにあらずして、寧《むし》ろ抑留者各自の努むべきところ」と責任逃れとも思える見解を述べ、「無為徒食の生活を排して練成的起立生活の確立」を提唱している（『外事月報』一九四三年一月分）。そのためか、さまざまなアルバイト的労働をさせられているのも、連行型抑留者の特徴である。

存在の秘匿と人道活動からの疎外

前述したように、外務省外交史料館には、一九四二年三月一二日付けで東郷茂徳《とうごうしげのり》外務大臣からジュネーヴ赤十字国際委員会宛てに送付した抑留非戦闘員名簿として、計三八九名分の名簿原稿が存在し、このなかにはグアム島から連行されたアメリカ人一二九名の名前もある。おそらくグアム島アメリカ人の場合は、その数が多すぎて秘匿することが不可能であり、むしろその待遇の公正さを対外宣伝に利用するほうが得策であると判断したためだろう。しかし、グアム島以外の連行型抑留者に関しては、政府は時期の差はあれ、その存在を抑留者の本国からも国際機関からも秘匿しようとした。

福島抑留所の場合は、ドイツ海軍の作戦行動秘匿が、抑留者の存在を隠した理由であろう。ようやく一九四四年三月一八日になって、福島抑留所の名簿一四三名分（四二年八月と九月に死亡した二名分を含む）が、赤十字国際委員会宛てに送付された。そのため四四年三月二四日には、はじめて赤十字国際委員会駐日代表部のH・C・アングストが福島抑留所を視察し、また、その様子は俘虜《ふりよ》情報局によって映画撮影された。この、はじめての抑留所視察受け入れの日は、適切な待遇をデモンストレーションするため、抑留者たちは自分が持っていた一番いい服を着せられ、この日に限って男女いっしょに食事をさせられ、マイクからは軽音楽が流れ、棚には本が並び、医師や看護婦までが配置されていたという（『福島にあった秘められた抑留所』前掲）。

神奈川第二抑留所のオーストラリア人看護婦らが秘匿されたのは、非戦闘員である看護婦を日本まで連行すること自体が、国際法に違反しているからだと思われる。前述のように、赤十字国際委員会駐日代表部が彼女たちの存在を知り、一九四二年一二月にはその抑留所である横浜ヨットクラブを視察しているにもかかわらず、ジュネーヴの中央捕虜情報局へも、本国オーストラリアへも彼女たちの抑留に関する情報は伝えられなかった。そしてどういう事情からか、四五年一月、赤十字国際委員会駐日代表部から陸軍俘虜情報局長に対し、「ニューブリテン島ラバウルニ於テ抑留サレ居ル敵国非戦闘員及俘虜ノ情報ニ関スル件」という問い合わせが行なわれた。内容は、ラバウルで抑留された非戦闘員に関する日本当局よりの情報が非常に不足しているため、善通寺《ぜんつうじ》捕虜収容所のオーストラリア人捕虜に面接し、ラバウルの非戦闘員の安否に関する情報を得たいという要望だった。

それに対する四五年五月二日付けの、俘虜情報局長官から赤十字国際委員会駐日代表部に対する回答は、「敵国非戦闘員及ビ俘虜ノ情報ハ、当局トシテ判明シアルモノハ総《すべ》テ之《これ》ヲ通知シアルモノナルニ付之以上ノ通報ハ実施スル能《あた》ハズ」と情報提供をつっぱねたものだった（桝井孝『太平洋戦争中の国際人道活動の記録』日本赤十字社、一九九四年）。

そして六月一六日になってようやく、外務省からスイス公使館宛ての回答書で、戸塚に移転した神奈川第二抑留所にオーストラリア人看護婦がいることを認め、彼女たち一九名の名簿を送っている（茶園義男『俘虜ニ関スル諸法規類聚』不二出版、一九八八年）。

北海道抑留所のアリュート人や、宮城県のインドネシア人、広島県のオランダ人が、連合国側に通知されたのは、さらに遅れて終戦時のことだと思われる。前に述べたように、外務省外交史料館には、四五年八月一四日付けで赤十字国際委員会へ送付された宮城県のインドネシア人、広島県のオランダ人の名簿原稿が存在するが、同じように四五年八月一四日送付のアリュート人の名簿原稿も存在する。おそらくこれが国際機関への彼らの存在の最初の通報であろう。

以上のような存在の秘匿のため、彼らは赤十字国際委員会による国際人道活動からも疎外されていた。『外事月報』昭和一八年一月分の抑留者の通信取り扱いに関する要綱のなかには、福島県抑留所・北海道抑留所・宮城県抑留所・広島県抑留所・神奈川県第二抑留所において抑留中の者は当分のあいだ通信発信から除外する、という記述がある。つまり、これらの抑留者は、赤十字国際委員会を通じて認められるはずの、家族や知人へ手紙を送ることが許されなかったのである。

同じく『外事月報』昭和一八年二月分では「抑留者の処遇取締基準」の備考として、

北海道、福島県、宮城県、広島県、神奈川県第二抑留所に於て抑留中に係る者に就ては（中略）外出、通信、面接、差入等外部連絡、並国内発行の新聞紙の閲覧、国内放送の聴取を猶《なお》当分の間禁止すること

という記述もある。連行型抑留者への、在日型抑留者とははっきり区別した待遇の厳しさがうかがわれる。さらに『外事月報』昭和一八年一二月分では、ローマ法王庁使節からの抑留者への救恤金《きゅうじゅっきん》配分表が掲載されているが、「配分に当りては配分内容を回示の必要ありたるに鑑《かんが》み対外秘匿の抑留者は之に包含せざることとして取扱いたり」という記述とともに、配分表の備考欄に「神奈川県第二、北海道庁、福島県、宮城県、広島県各抑留所に収容中のものは之を包含せず」という注記がある。対外秘匿をまもるために、配分内容

を開示しなければならない救恤金の支給対象から外されてしまったのである。一九四二年一二月、横浜ヨットクラブに抑留されたオーストラリア人に、食料品をパックした赤十字小包が配給されたことは不幸中の幸であった。国際人道活動から疎外されていた期間が長ければ長いほど、抑留生活は過酷なものになったと思われる。

抑留の長期化と高い死亡率

民間人抑留者の帰国の機会は、一九四二年六月の第一次日米交換船と、同年七月の日英交換船、そして四三年九月の第二次日米交換船の計三回あった。しかしこれらの交換船で帰国できたのは、前述のように連行型抑留者では、グアム島アメリカ人のうち五名の海軍看護婦と兵士の妻子の計七名の女性のみである。そのほかの連行型抑留者には、交換船による帰国の機会は与えられず、終戦後、アメリカ軍によって解放されるまで、二年八ヵ月から三年以上のあいだ抑留されていた。

一方、在日型抑留者で、四二年六月と七月の交換船で帰国した外国人の抑留期間は約半年であり、一九四二年九月一〇月の抑留拡大措置で抑留された教師・宣教師・修道女でも、四三年九月の第二次日米交換船で帰国すれば、抑留期間は約一年間である。在日型抑留者のなかにも帰国を選ばず抑留所で終戦を迎えた人たちは多数いるが、自ら選んで残留するのと、まったく帰国のチャンスを与えられずに、先の見えない抑留生活を送るのとでは精神的な苦痛に大きな差があるだろう。

このような過酷な条件から、連行型抑留者のなかからは多数の犠牲者が出ている。もっとも高率の死亡者を出したのは二〇名が亡くなった北海道抑留所のアリュート人で、死亡率四四％に及ぶ。グアム島アメリカ人については、福林徹氏の研究によると五名の死亡者が出ており、死亡率は四％である（「神戸にあった捕虜収容所と敵性外国民間人抑留所」『歴史地理教育』七二二）。また四名が亡くなった福島抑留所の場合、死亡率は三％である。

戦争末期には日本全国で食料が不足し、どの抑留所でも食料確保が困難になってくる。そのため、在日型抑留者の収容所として、開戦当初は比較的食料に恵まれていた神奈川第一抑留所でも、一九四五年に入ってから五名の死亡者が出ており、死亡率は一〇％になる。したがって、かならずしも在日型抑留者の方が恵まれた抑留生活だったとはいいきれない。抑留所ごとに条件が異なり、警備担当者に抑留者を守ろうという意識があるかどうかによっても抑留者の状況に違いが出てくるだろう。

しかし、在日外国人を収容した東京抑留所・埼玉抑留所・長崎抑留所では、抑留中の死亡者を確認していない。やはり総合的にみて、連行型抑留者の死亡率は高いといえそうである。

第二次交換船とさらなる抑留拡大

第二次交換船帝亜丸

第二次交換船出航

一九四三（昭和一八）年九月、日米間で難航していた第二次日米交換船についての交渉がまとまり、二回目の日米交換船が送られることになった。本来は、第一次日米交換船が日本に戻ると、つづけて第二次交換船が出航するはずだったのが、種々の理由で無期延期となっていたのである。しかし、アメリカ側の粘り強い交渉と、昭和天皇の要望もあって、ようやく第二回目の日米交換船が実現することになった。

交換地には、中立国ポルトガルの植民地である、インド西岸ゴアのマルマゴン港が選ばれた。日本から出航する交換船は、帝亜丸《ていあまる》という一万七五三七トンの帝国船舶の汽船で、運行は日本郵船に委託されていた。この帝亜丸は、実はアジア太平洋戦争開戦時に、仏領インドシナのサイゴンに停泊していて本国に戻れなくなったフランス船アラミス号で、海軍が仏印政府と賃貸契約をして徴用したものだった。

第二次日米交換船出航の知らせを受けて、各地の抑留所は、にわかにあわただしくなった。収容されていた外国人たちに、帰国のチャンスが訪れたのである。ただし、抑留外国人のうち、この交換船で帰国できるのは、在日系のアメリカ人・カナダ人と南米系外国人に限られていた。イギリス人やオランダ人は、いつ出航するかわからぬ第二次日英交換船を待たなければならなかったが、結局これは終戦まで実現しなかった。

また、アメリカ系外国人のなかにも、この交換船での帰国を見合わせ、日本残留を選ぶ人もいた。すでにこの時期、日本海軍に制海権はなく、インド洋までの航路にはアメリカの潜水艦が頻々《ひんぴん》と出没していた。船体に白い十字のマークをつけ、航海の安全を保障された交換船であっても、戦闘の状況によっては何があるかわからない。交換船が無事にマルマゴン港へ到着できるという保証は、誰にもできなかったからである。

各抑留所からの帰国者

東京では、警視庁抑留所とされた菫《すみれ》家政女学院、通称「スミレキャンプ」から、五二名の外国人女性（アメリカ人三二名、カナダ人二〇名）が帰国の意志を示した。無職の二名以外は、すべて宣教師・教師・修道女であった。第二期に抑留された横浜英和女学校の元校長オリーブ・I・ハジスや、捜真《そうしん》女学校の宣教師ウィニフレッド・エーカク、山梨英和女学校の元校長キャサリン・マルタ・グリンバンクも帰国することになった。第一期に盛岡で抑留され、仙台から東京に移されたバプテストの宣教師タマシン・アレン、広島で抑留され東京に移された、岡山県ノートルダム清心女学院のメリー・コスカ以下一一名の修道女たちも、帰国者のなかに含まれていた。日本に骨を埋める覚悟で来日した宣教師や修道女が帰国を決意した背景には、日本に留まればかえって日本の友人たちに負担をかけることになるから、という苦渋の選択があった。

帝亜丸に乗船する九月一三日の二日前、外国人たちは荷物整理のために、一晩だけ各自の家へ帰宅することを許された。神奈川県では、県警察寿署の配慮で、ハジス元校長の帰校は密かに関係者に連絡され、同夜はハジスを慕う同僚や元教え子が宣教師館に集まり、ささやかだが心のこもった送別会が開かれた。一三日の乗船にはいっさいの見送りは許されなかったが、最後の別れに一目会いたいという関係者は、三々五々横浜港に集まり、目立たぬように別れの合図を送った。

この交換船帝亜丸で、全国の抑留所から計七三名の抑留者が帰国した。東京以外では埼玉抑留所からは一〇名の男性（アメリカ人四名、カナダ人六名）が帰国した。ほとんどが宣教師で、青山学院講師のローランド・ハーカー、関東学院元理事長のウィリアム・アキスリングも含まれていた。

神奈川第一抑留所（北足柄村内山）からは、アメリカ人三名の男性が帰国した。熊本第五高等学校教師ロバート・クラウダー、フォード社元守衛フレッド・ゴールデン、小樽《おたる》高等商業学校講師ダニエル・プルーク・マッキノンである。ゴールデンは、開戦時以来ずっと神奈川第一抑留所での生活を送り、七二歳になっていた。

兵庫抑留所からは八名、うち男性が三名（アメリカ人一名、カナダ人一名、グアテマラ人一名）、女性が五名（アメリカ人四名、イギリス人一名）である。八名中五名が宣教師であった。それ以外の抑留所からの帰国者はなかった（『外事月報』一九四三年九月分）。

十字架の船出

帝亜丸に乗りこんだ「敵国人」の多くがキリスト教宣教師や修道女だったことから、当時の新聞には、この交換船のことを「十字架の船出」と表現した記事が掲載されている。

わが対米第二次交換船帝亜丸の出航風景はいわば『十字架の船出』であった。何故ならこの振出し港から乗込んだ一四〇人のうち駐日チリー公館のアルマンド・ラブラ・カルヴァハル氏ほか僅《わず》かの商人や教師を除けば大部分は宣教師ばかりだからだ。その黒く垂た服の胸には銀色の十字架が光り一様に麦藁《むぎわら》の夏帽子をかぶっている中には、三十年以上も日本でキリスト教を説きつづけた老宣教師もある……

（『朝日新聞』一九四三年九月一五日）

苦しい抑留生活の果てに、人生のすべてをかけた教会や学校と別れ、戦闘海域へと出航する宣教師たちの胸中はどのようなものだったろうか。

これら抑留者の帰国によって、一九四三年九月末の抑留者は、全国で六八八名に減少した。そのうち海外からの連行型抑留者が三九六名を占めている。内訳は北海道二九名、福島県一四〇名、宮城県三五名、神奈川県一九名、兵庫県一二九名、広島県四四名である。在日外国人の抑留者は二九二名で、その内訳は東京都六二名、埼玉県五六名、福島県会津若松市四名、神奈川県四九名、兵庫県八〇名、長崎県一五名、これに加えて宮城県仙台市に四三年六月から修道女二六名が抑留されていた。帰国できたのは在日型抑留者のみであったため、海外からの連行型抑留者が在日外国人抑留者を大きく上回ってしまった。

九月一四日未明に横浜を出航した帝亜丸は、途中上海《シャンハイ》、香港などに立ち寄り、計一五〇〇名ほどの外国人を乗せ、一〇月半ばにインド西海岸のマルマゴン港に到着した。そこでアメリカから派遣されたグリップスホルム号とおち合い、乗船してきた約一五〇〇名の日本人と、乗船客を交換した。日本人乗客には、会社員や留学生が多かった。一一月一四日、ほぼ二ヵ月の航海を終えて、帰国者を乗せた帝亜丸は、横浜港に無事帰還を果たした。同じころ、グリップスホルム号も無事ニューヨークに到着し、待ちかねたアメリカ市民の大歓迎を受けた。第二次日米交換船の成功は、苛烈な戦争のなかにあって、奇跡的ともいえる明るい出来事だといえるだろう。

帝亜丸のその後

しかし、交換船に使われた帝亜丸は、その後海軍に徴用され、翌年マニラに向けて航行中、八月一八日にルソン島近くで魚雷攻撃を受けて沈没した。五四七八人の乗船者中、乗船部隊二三一六名を含む乗客乗員二六五五名が戦死した。すでに四三年二月には第一次日英交換船に用いられた龍田丸《たつたまる》が、四月には同じく鎌倉丸《かまくらまる》が潜水艦攻撃により沈没していた。そして第一次日米交換船に使われた浅間丸《あさままる》も、四四年一一月一日潜水艦による魚雷攻撃で沈没した。このころ日本の輸送船団はすでにほぼ壊滅し、大型輸送船で終戦時まで運行を続けることができたのは、病院船に指定された日本郵船の氷川丸《ひかわまる》だけだった。

イタリア人抑留——抑留第三期

イタリア降伏

一九四三（昭和一八）年七月、イタリアでは、ピエトロ・バドリオがムッソリーニを追放して政権を握り、九月八日、イタリアは連合国軍に無条件降伏した。これにより日独伊三国同盟の一角が崩れた。さらに、バドリオ政権が一〇月一三日、ドイツに宣戦布告すると、イタリアは日本の同盟国から一転して敵国になってしまった。そのため、一九四三年一〇月からは、イタリア人を対象にした新たな敵国人抑留が始まった。

アジア太平洋戦争における敵国人抑留政策は、予期せぬ事情で占領地から日本国内に連行されて抑留された外国人を別に考えると、開戦時から一九四二年八月までの第一期は成年男子のみを抑留対象とし、四二年九月以降の第二期には女性や高齢者を含む教師・宣教師・修道女に抑留対象を拡大している。そこで、さらに抑留対象をイタリア人に拡大した、四三年一〇月以降一九四五年初めころまでを、抑留第三期と考えたい。

イタリアは同盟国だったため、イタリア人は英米人と違ってアジア太平洋戦争開戦前にも戦争中にも組織的な引揚げを行なっておらず、一九四三年九月時点でイタリア大使館・領事館の館員とその家族が計六六名、一般イタリア人が全国に一九〇名、計二五六名が日本に在留していた。これらイタリア人に対する対応として、まず九月一〇日、イタリア公館の外部からの監視と公館員の外出制限、自家用車の使用禁止、電話切断、郵便電信の配達停止などを行ない、一般のイタリア人居留民についても公館に準じた措置を行なった。

ところが九月二三日、ドイツの支援で、ムッソリーニを首班とするファシスト共和国政府が北イタリアに成立した。そこで九月二七日、日本政府はファシスト共和国政府を承認し、一〇月五日、大本営政府連絡会議で「伊国ニ対スル処置調整ノ件」が決定された。その「実施要綱」によると、イタリア外交官と一般イタリア人に対しては、ファシスト共和国政府に忠誠かどうかを審査して、忠誠であると認められる場合、および無害と認められる場合は解放して中立国人、それ以外は敵国人に準じて取り扱うこととした。無害なイタリア人としては、政治に無関心な者、真に親日的な者、老病婦女子などがあげられている。解放する際には文書で新政府への忠誠を宣誓させ、これを拒んだ場合は抑留するとした。また、カトリックの宣教師については「努めて好意的に取扱う」「容疑の点なき限り解放す」ともある。

解放されないイタリア人は、敵国人として抑留されることになるのだが、抑留者の生活費は自弁とし、自弁不可能なものは日本政府が負担する、抑留所は現在ある敵国人抑留所とは別に設置する、ということも定められた。宣誓書の文面には、

伊国「ファシスト」共和国政府に対し忠誠を尽くすと共に大日本帝国に対し衷心協力すべきことをここに厳粛に宣誓す

（『外事月報』一九四三年一〇月分）

とあり、署名捺印が要求された。

ファシスト政府への忠誠宣誓

宣誓の実施は、一〇月一九日から憲兵の立会いのもと、イタリア公館員は外務省で、一般人は各府県で行ない、二一日には完了した。京都大学イタリア語学科講師だったフォスコ・マライーニの伝記によると、当時の状況は、

大使館関係者をはじめ東京にいたイタリア人たちは市内のカトリック教会に集められ、

厳粛な宣誓式に臨んだ。イタリア人一人一人が壇上に立ち、自分がムッソリーニにつくかバドリオにつくかを聖書に手を置いて宣言したのである。結果は約五〇人いたイタリア大使館関係者のうちムッソリーニについたのがわずか二名、民間人のうちの数名もバドリオにつくことを宣した。

（石戸谷《いしとや》滋『フォスコの愛した日本』風媒社、一九八九年）

というものだった。また、『外事月報』一九四三年一〇月分によれば、全国一九〇名のイタリア民間人のうち、東京の警視庁管轄下において宣誓を拒否した者が六名あり、敵国人として抑留されることになった。

しかし、実際にはこの六名だけではなく、警察の指定で計一九名の民間人が抑留されることになった。さらに、イタリア外交官とその家族六八名中四二名も抑留された。マリオ・インデルリ大使とその妻、アンジェロネー商務官一家など、男子三一名、女子一一名だが、そのうち七名は子どもである。イタリア人抑留によって、全国の抑留者数は一九四三年一二月末の時点で七四六名になった。

また、このほかに、神戸港に停泊中だったイタリアの仮装巡洋艦カリテア号の乗組員一二一名、イタリア貨物船カリブナノ号の乗組員三三名、計一五四名も、九月九日、神戸憲兵隊に拘留された。彼らは民間人ではなく、捕虜としての扱いを受け、兵庫県姫路市の大阪捕虜収容所広畑分所に収容された。

イタリア人の抑留所

敵国人として抑留されたイタリア人のうち、イタリア公館員とその家族計四二名は、四三年一〇月一九日、東京都大田区田園調布三丁目の聖フランシスコ修道院へ抑留された。この修道院は一九三二年、多摩川に近い台地の上に、カナダのフランシスコ会によって建てられたもので、木造二階建て、延べ一九三坪の建物だった。ここに収容された公館員たちが、本当にムッソリーニのファシスト共和国政府に忠誠を尽くすのを拒否し、バドリオ政権を支持したために抑留されたかどうかは疑わしい。

なぜなら、イタリア商務参事官のロモロ・アンジェロネーは、抑留所から外務省宛に出そうとした手紙のなかで、彼がいかに日独伊の経済協定締結のために努力したか、また彼が二〇年来ムッソリーニ政権に命を捧げてきたファシスト党の党員であり、いかに戦争の完遂を熱烈に願っているかを述べ、抑留の不当であることを訴えているのである。このような人物を抑留する内務省の真意はわからないが、アンジェロネーはこの手紙のなかで、

この抑留所は厳罰のために備えられたものですから生活基準は最低が予期されて居る

のです。食物の事は更なり根本的設備とも言うべき便所、湯殿さえもない事実に至っては、之は果して当局の知るところであろうか　（『外事月報』一九四三年一〇月分）

と述べている。三国同盟を裏切った形になったイタリアに対する敵愾《てきがい》心をあらわす、見せしめ的な抑留だった可能性もある。

一方、民間イタリア人一九名は一〇月二一日、愛知県愛知郡天白村八事《てんぱくむらやごと》（現、名古屋市天白区）に新設された抑留所へ収容された。ただし、一九名のうち臨月の母親とその幼子二名は抑留を延期されたため、実際に抑留されたのは一六名だった。抑留所は、天白村八事山の丘陵上に建つ一軒家の、松坂屋（名古屋市内の百貨店）社員保養所「天白寮」を接収して設けられたものだった。ここに抑留された一六名のうち修道士コルッシ、美術教師ピアチェンティーニ、言語学教師ヴァッカリー、学生ジョルダーノなど六名は、ファシスト共和国政府に忠誠を尽くすという宣誓を拒否した人びとだった。しかし、残りの一〇名は、人類学者で京都大学イタリア語学科講師フォスコ・マライーニとその妻と三人の幼い娘をはじめ、横浜の外国人クラブ支配人エドワルド・デンチィチ、東京育英工芸学校校長で宣教師のアンゼロ・マルジェリアなど、文化人や自由主義者であると見なされた人びとであった。

イタリア民間人が抑留されていた愛知抑留所の待遇は、外交官たちに比べても、さらに劣悪であった。抑留者に配給される食料の警察官による横領も激しく、イタリア人抑留者には生命を維持する最低限度の食料しか与えられなかったという。

当然ながら、イタリア人たちは皆凄まじいほど痩せ衰えてしまった。……この中では四人の老人だけが外部からの差し入れのおかげである程度の体力を保っていた。三人がそれぞれの妻から、宣教師が同僚から受ける食糧は、魚とか乾パンとか油などのささやかなものだったが、飢餓との極限の闘いの中では大きな助けになったのである。一日に三度、朝はスプーン数杯のご飯と熱い味噌汁一杯、昼と夜は少しでも量を増やそうと炊きすぎた辛うじて皿一杯のご飯の食事……　（『フォスコの愛した日本』前掲）

と記されている。四四年七月、イタリア人たちは、あまりのひどい待遇に抗議のハンガーストライキを起こし、マライーニは看守たちに決意をしめすため、自分の小指を自ら切断している。

東京抑留所の移転

イタリア人抑留とも関連して、この時期には東京抑留所が、開戦時から使われていた菫《すみれ》家政女学院から移転する。

まず、少し前の一九四三年九月、第二次日米交換船によって東京抑留所から収容者の約半数にあたる五二名の抑留者が帰国した。同じころ、横浜市の山手など高地・臨海地域が、国防上の重要地帯として外国人の絶対居住禁止区域になった。そのため、横浜山手のフランス系インターナショナルスクールであるサンモール学院が、山手から他所へ移らねばならなくなり、同じサンモール系ミッションスクールの菫家政女学院校舎が、その移転先に選ばれたのである。

四三年一〇月初めに、サンモール学院に校舎を明け渡すため、菫家政女学院に残っていた外国人宣教師修道女など六二名は、一キロほど離れた大田区田園調布三丁目の聖フランシスコ修道院に移動した。第二期から抑留されている横浜紅蘭《こうらん》女学校のデニス修道女によると、聖フランシスコ修道院に移ってから、二週間ほどかけて彼女たちは家中をごしごし磨いたという(『八十周年記念誌』前掲)。ところがイタリア降伏により、一〇月一九日、ここはイタリア公館員を収容する東京第一抑留所とされてしまった。そこで、それまで収容されていた女子宣教師や修道女など六二名は、ふたたび移動させられて、東京都文京区関《せき》口台《ぐちだい》の小神学校へ移り、そこが東京第二抑留所とされたのである。

新しい抑留所は、東京の都心に近いカトリック教会東京大司教区の、司教座聖堂(カテドラル)に付属した小神学校の建物だった(図6)。聖堂に近いことは、カトリックの修道

図6　文京区関口台小神学校

1943年10月から東京警視庁抑留所となった（『一粒の麦　東京大司教区創立100周年記念誌』より）.

女を喜ばせたが、彼女たちは敷地内のルルドの洞窟に行くことは許されたものの、カテドラルに行くことは許されなかった。

この時期の東京第二抑留所では、戦況の悪化とともに食料不足が深刻になる。第二次日米交換船でも帰国しなかった、プロテスタントのアメリカ人宣教師メーベル・フランシスは、当時の生活について、次のように記している。

月日がたつうちに収容所の食事がだんだんひどくなってきました。日本政府によって、わたしたち抑留者のための食糧が確保されていると聞いていたので、なぜこんなに食事の量が少なく質も悪いのか不思議に思い始めました。やがて収容所の調理人が、よい食糧の大部分を横流しし、利益を着服していたことが分かりました。その結果、わたしたちの肉類と言えば、いるか、さめ、あるいはくじらの肉で、これもだんだん少なくなってきました。（中略）一日の食物は、朝は国際法に従えば一斤のパンを配らねばならないのですが、その時はメリケン粉が欠乏してきたのでなんきん豆の皮、とうもろこしのしんなど、いろいろなものをこまかく粉にして配給されました。しかし飢えていたのでおいしくいただきました。昼はコップ一杯のやわらかいご飯が配られたので、晩食のために半分とっておきました。そうして夜半、空腹でねむられなかったこともありました。

（『ひとりが千人を追う』前掲）

同じ東京抑留所において、クリスマスには豪華な七面鳥のディナーを食べていたという、第一期のポール・ラッシュの記録とは、あまりにも大きな落差である（本書五四ページ）。

ジャワから連行された オランダ人

占領地から連行された抑留者については、先にまとめて述べたが（本書一一三ページ）、この時期になって、もう一グループの外国人が連行されて、東京に抑留された。インドネシアのジャワ島から連行されたオランダ人技術者の一団である。

この抑留オランダ人については、よほど厳重に秘匿《ひとく》されていたらしく、『外事月報』にはまったく記載がない。しかし、外務省所蔵資料「和蘭人の抑留に関する件」によると、チリ公使館跡に住友通信工業株式会社雇用のオランダ人が抑留され、四五年五月一六日に愛知県の抑留所に移転させられたことが記されている。また、名前・家族関係・生年月日・年齢を記した名簿二二名分は、四五年五月二五日付で内務省警保局から外務省在敵国居留民関係事務室に送られたことがわかる。

実はこのオランダ人は、ジャワ島から連行抑留されたオランダ人電気技術者とその家族だった。抑留された技術者H・レルスの娘ポーリン・レルス氏の証言（「太平洋戦争をめぐる第八回日蘭対話の会」二〇〇四年六月一一日開催）や、妻アニー・レルスによる手記『アニーの日本抑留日記』（A. Lels-Visser 著 A. P. Greeven-Lels 編「アニーの日本抑留日記」私家版一九九八年。戸田系子訳、二〇〇四年）によって彼らの抑留生活の様子がわかる。W・アイントホーフェン博士とH・レルスは、オランダ領インドシナ、ジャワ島バンドンの無線電信局で働いていた。一九四一年一二月、アジア太平洋戦争が勃発し、開戦の二、三ヵ月後、彼らは日本軍に降伏した。その後も無線電信局の仕事をそのまま続けさせられていたが、一九四三年一一月、アイントホーフェンとレルス、そして同僚のレーベンバッハ、レウニス、ハーゼンシュタープは、妻子とともに日本に送られることになった。男たちは日本の研究機関で働かされるためであり、妻子は男たちが日本軍に協力して働くことを拒否した場合、人質の役割を果たさせる、というのが連行の目的だった。

四四年一月一九日、五人の科学者とその妻子計一二名はバタビア（現、ジャカルタ）へ移され、さらにシンガポールへ送られて六週間ホテルで待機したあと、困難な航海の末、四四年三月二六日に下関に到着した。その後、オランダ人一行は東京に送られ、芝区（現、港区）白金台の元チリ公使館に収容された。そこは、四三年九月の第二次日米交換船でチリ公使館員一行が帰国して以来、空き家になっていた。オランダ人たちは捕虜生活と長い移動ですっかり疲弊していたため、到着してから二週間は帝国ホテルの豪華な食事が与えられ、その後もチリ公使館でコックがおいしい食事をつくってくれたという。彼らは秘密兵器開発のための大切な人材とみなされたようである。しばらくして少し落ち着くと、彼らは、住友通信工業の川崎市生田《いくた》にある研究所に勤務を命じられた。男たちは毎日東京のチリ公使館の宿舎から生田まで約一時間半の道のりを、山手線や小田急線に乗って出勤し、軍事機密の兵器の開発に協力させられた。

彼らの住友通信の研究所での働きぶりについて、当時の社員が書いた『日本電気ものがたり』（日本電気株式会社、一九八〇年）には、

彼らはバンドンにあったオランダの電波研究所の所長と研究員ということでした。

（中略）現地の捕虜収容所に置くよりは、急を要する電波兵器開発の補助に役立てたいという考えで、研究所に連れて来たのでしょうが、われわれにしてみれば、通信の途は絶たれているにしても、敵国人を機密の作業につかせることはできません。それで三人のために別に一室を設けて、そこで計算の仕事をしてもらいました

とある。せっかくのオランダ人科学者の頭脳も、現場の日本人スタッフに受け入れられず、兵器開発に生かされることはなかったようである。

四五年二月、一行のリーダーだったアイントホーフェンが肺炎のため死亡した。三月一〇日の大空襲以来、東京はたびたび空襲に見舞われるようになり、オランダ人男性たちが生田へ通勤することはなくなった。彼らは一九四五年五月に愛知県に移動させられ、そこで終戦までを過ごすことになった。

なお、この抑留生活を証言したポーリン・レルス氏は、二〇〇一年にふたたび来日して現在はＮＥＣ（日本電気株式会社）となっている当時の住友通信工業を訪れた。この時の戦争当時の研究所所長の話から、父レルスが開発に協力させられていた秘密兵器とは、レーダーシステムだったということが明らかになったという。

老人・女性・子どもたちの抑留――厚木市七沢の抑留所

絶対居住禁止区域の設定

一九四三（昭和一八）年一二月、横浜在住の外国人に対し、新たな抑留拡大が行なわれた。そのきっかけとなったのは、同年九月二九日に公布施行された、内務省令「外国人の旅行等に関する臨時措置令の一部改正」であった。

もともと開戦直後の一九四一年一二月九日に定められた「外国人の旅行等に関する臨時措置令」によって、外国人の指定地域への立入り・居住と、都道府県外への旅行は禁止されていた。四三年九月の改正で、指定地域は開戦時より大幅に拡大され、三浦半島、横浜市の高地・臨海地帯、横須賀軍港、横浜全港域、木更津《きさらづ》方面、軍関係工場地帯の展望可能な地域とされた。また、それまでは指定地域内でも、すでに居住中の外国人については、許可出願をすれば居住が許されていたものが、改正によって、現に居住中の外国人も全員地域外に退去させることになったのである。

この地域に居住している外国人は、ドイツ・イタリアなどの同盟国人、スイス・スウェーデンなどの中立国人、そしてアメリカ・イギリスなどの敵国人と、合計二六ヵ国の五〇八世帯で、一二二七人にも及んだ。移転の際の費用は日本側が負担し、外国人たちの移転先には箱根《はこね》や軽井沢《かるいざわ》が選ばれることが多かったが、基本的には各世帯自由だった。

七沢温泉に抑留された人びと

しかし、敵国人に対してだけは、監視のために集団居住をさせる方針がとられ、移転先は東京から列車で一時間ほどの厚木《あつぎ》市七沢《ななさわ》温泉が指定された。すでに敵国民間人のうち、壮年男性と、高齢者や女性を含む教師・宣教師・修道女・保母は抑留の対象となっており、自宅に残っているのは、無職の老人か、家庭婦人か、子どもである。そこにまで新たに抑留の手が伸ばされたのである。

四三年一二月七日、横浜市の山手など港に面した丘の上から抑留所へ移転させられた人びとは、イギリス人一三世帯、アメリカ人四世帯、オランダ人一世帯、ノルウェー人一世帯、オランダ人とイギリス人の家族一世帯の二〇世帯で、移転先は愛甲《あいこう》郡玉川村（現、厚木市）七沢二〇七六の旅館、福元館《ふくもとかん》と玉川館《たまがわかん》である（『外事月報』一九四三年一二月分）。

収容された外国人の氏名について、『外事月報』と終戦時のGHQ資料をもとに復元すると一八世帯二八名までは明らかになる（表7参照）。女子と高齢者、そして幼児ばかりである。玉川館の営業統計簿には、「一八年一二月七日　敵国婦女子ノ収容所トナル」という記載が残されている。

抑留外国人のうち最高齢者は、開戦前にイギリス政府の帰国勧告を断った茶の輸出商チャールズ・バーナード（本書一四ページ）であった。それまで高齢のため抑留対象からはずされていたのが、ここにいたって九一歳の老体を抑留されることになった。

開戦時から神奈川第一抑留所に抑留されている、イギリス人ヒュー・ウォーカーの母親、妻そして三人の子どもたち、憲兵隊に検挙された実業家T・M・ラフィンの妹エレノア・ラフィン、横浜港で拿捕《だほ》され神奈川第一抑留所に抑留されたギリシャ人船員ヒトポウラスの妻エカテリナと子ども、イギリス人資産家のラッセル夫妻もここに抑留された。

そのほかにも、名簿からわかる七沢抑留所の抑留者には、開戦時に抑留または検挙された壮年男性たちの家族と思われる人が多い。イギリス人女性リナー・サルターは、神奈川第一抑留所に抑留されたジョージ・サルターと、第二抑留所に抑留されたW・サルター

表7　厚木市七沢外国人抑留所

No.	国籍	名前(年齢)	性別	備考
1	イギリス	リナー・サルター(23)	女	○
2		タマ・ウォーカー(60)	女	○No.2〜6、同一家族
3		タツコ・ウォーカー(29)	女	○
4		ローター・ウォーカー(5)	女	○
5		ロメイ・ウォーカー(5)	女	○
6		ジェームス・ウォーカー(6)	男	○
7		イザベラ・スプリンゲット(44)	女	
8		ゼン・ウォーカー(57)	女	○No.2〜6と同姓
9		チャールズ・バーナード(93)	男	No.9、10夫婦
10		チヨ・バーナード(53)	女	
11		アリス・ウッドラフ(56)	女	○No.11、12姉妹
12		ルシー・ウッドラフ(45)	女	○
13		ジョージ・ラッセル(64)	男	○No.13、14夫婦
14		ミヨ・ラッセル(54)	女	○
15		トーマス・〈デヴィト〉・ライト(73)	男	○
16		アンニーズ・ヤーメン(62)	女	
17		イザベラ・ホールデン(60)	女	
18	アメリカ	アリス・キリドイル(44)	女	○
19		エル・ニートマン(71)	男	家族1あり
20		エレノア・ラフィン(40ぐらい)	女	○
21		ジェニファー・マイヤース(25)	女	○21、22姉妹

22		アンナ・マイヤース(23)	女	○
23	オランダ	エリザベス・ドンカーカーチス(67)	女	○No.23、24姉妹
24		トメマリ・ドンカーカーチス(63)	女	○
25		ヨハネ・カースト(71)	男	
26	ギリシャ	エカテリナ・ヒトポウラス(28)	女	○No.26、27母子
27		グレゴリー・ヒトポウラス(3)	男	○
28	ノルウェー	フレドリック・オールセン(77)	男	

『外事月報』とGHQ資料により作成。年齢は終戦時のもの。
備考欄の○印は、家族が開戦時から抑留または検挙されていることを示す。

（いずれも日英交換船で帰国）の妹であると思われる。アリスとルーシーのウッドラフ姉妹は、第一抑留所に抑留されたジョージ・ウッドラフの妹であろう。オランダ人ドンカーカーチス姉妹は、第一抑留所に抑留されたヘルマン・ドンカーカーチスの姉である。アリス・キリドイルは、開戦時検挙された東洋バブコック社員デニス・キリドイル（第一次日米交換船で帰国）の妻である。七沢に抑留されたことがわかる外国人二八名中の一九名までが、開戦時に敵国人として抑留、またはスパイ容疑で検挙された男性の、妻や妹、あるいは年老いた両親と思われる人たちなのである。

七沢の抑留者が、交換船で帰国もせず日本にとどまったのは、高齢や幼児を抱えて長旅に耐えられない、自身が混血で日本人の親を残して行けないなど、それぞれに理由があったのだろう。また、夫や兄が抑留され、あるいは交換船で帰国したため、経済的に困窮して自力での移転ができない、という人もいたと思われる。いずれにしても、警察当局からみれば、スパイ防止上厳しく監視する必要がある対象だとみなされたのだろう。

七沢での抑留生活

彼らの七沢温泉での生活はどのようなものだったのだろうか。福元館の女将古根村《こねむら》喜代子氏、義妹の鮑子《あびこ》和歌子氏によると、

イギリス人のラッセル夫妻は、すでに仕事は引退していた人で、離れに日本人の奥さんと二人で住んだ。近所の杉山さんという人が女中さんとしてお世話をしていた。バーナードさんはかなりの歳で、ほとんどベッドに寝ている状態だった。外国人は捕虜として預かったもので、〔村の駐在〕警察官が時々見に来た。しかし外国人たちの行動は割合自由で、近くを散歩したり商店に買い物に出かけることもあった。食事は廊下にコンロを置いて、外国人が自分たちで煮炊きをしていた。宿の料金は毎月玉川館の主人と福元館の主人が一緒に横浜の県庁までに取りに行った　（二〇〇五年一一月聞き取り）

ということだった。また、玉川館の主人山本淳一氏によると、

近所の佐藤忠治さんが、外国人を気の毒に思い、裏山の道を通って目立たないように何度も野菜を持ってきてくれた、佐藤さんのことは戦後新聞にも出た

（二〇〇四年一〇月聞き取り）

ということだった。その新聞記事には次のように記されている。

愛甲郡の山中の温泉宿に厳重な監視をうけて幽閉されていた第三国人婦女子組二十名中の一人の米婦人に対し牛乳や握り飯など人目にふれぬよう一年にわたって給与を続け、栄養を保たせた一農夫一家があった。（中略）佐藤さんは外国婦女子が抑留中近所の人びとの敵視する目を忍んであらゆる迫害をしりぞけ、毎日のようにわが家にアリスキルロイド夫人と英国人ベラ夫人とを招いて牛乳や時には握り飯を贈り、また寒さに泣く両夫人に、暗夜そっと木炭を抑留所（休業中の温泉宿）に持参するなど、敵国人の観念を捨てて黙々とつづけていた

（『神奈川新聞』昭和二六年五月二〇日）

戦後の一九四六年六月に行なわれた、アメリカ政府戦争犯罪局による事情聴取に答えて、抑留者の一人であるアンナ・マイヤースは、抑留中の食事はお茶碗一杯のご飯と少しの野菜が一日三回与えられ、三ヵ月に一度ぐらい肉または魚が食べられた、と答えている。また、食事を補うため野菜を栽培したり鶏を飼うこともできず、外部から食料を買うことも

できなかったという。冬は寒く部屋を暖めるためには、わずかな炭しか与えられなかった。毛布も自分たちが持ち込んだものだけだった。虐待や強制労働はなかったし、空襲にも遭わなかった、と答えている。姉のジェニファー・マイヤースは、同じく事情聴取で、食料の不足は大変厳しいもので、年配者は生き残れないほどだったと答えている。彼女自身は二〇ポンド《ドポン》（約九キロ《キロ》）体重が減った。

七沢の抑留所では、高齢の男性二人と女性二人が病気で亡くなったが、おそらく不十分な食事のせいだろう。また、四〇歳ぐらいの女性エレノア・ラフィンはミステリアスな状況の下で抑留所外で亡くなった、と語っている（米国国立公文書館資料）。

ラフィン家の悲劇

七沢で抑留中に亡くなったエレノア・ラフィンは、実業家トーマス・メルビル・ラフィンの娘であった。トーマス・メルビル・ラフィンは一八八五（明治一八）年ころ来日してT・M・ラフィン商会を起こし、横浜港に入港する船舶に食料や物資を供給するシップチャンドラー（Ship chandler）、両替商などとして活躍した。草創期から横浜ヨットクラブの会員になり、商売の発展とともに横浜のヨット界の中心となった人物でもある。その瀟洒《しょうしゃ》な邸宅は現在も横浜市により保存され、山手一一一番館として観光名所になっている。

しかし、シップチャンドラーの仕事を継いだ次男のトーマス・M・ラフィン（二世）は、開戦時にはスパイ容疑で憲兵隊に拘留され、虐待を受けている。三男のウィリアム・A・ラフィンは、フォード自動車サービス部の部長だったが、開戦時に神奈川第一抑留所（横浜競馬場）に抑留された。四二年六月の第一次日米交換船で、トーマスとウィリアムのラフィン兄弟はアメリカへ帰った。

ラフィン家の長女メアリー・ラフィンは、戦争中は母親ミヨ（日本人）、妹ミルドレッドとともに、箱根の別荘に暮らした。そして、娘の一人エレノアだけが山手一二〇番のラフィン家の地所に居住を続けて、四三年一二月、七沢に抑留されたのである。

四四年八月以降のある日、エレノアは七沢の抑留所から歯科医者に行くと許可をもらって出たまま帰らなかった。通常でない車線を選び、駅から飛び込み自殺をしたのである（中西道子「エリスマン邸に住んでいた人々」『わたしの横浜』横浜学連絡会議、二〇〇一年）。

戦前山手の外国人社会のなかでも著名なラフィン家の裕福な暮らしから、一転して神経の休まることのない耐乏生活のなかで、自ら命を断ったエレノアは、まさに抑留の犠牲者といえるだろう。ラフィンだけでなく、七沢に抑留された女性や子ども、高齢者たちは、開戦後も帰国せず、横浜山手の旧外国人居留地一帯に住居を構えていた人たちである。開港以来、横浜の外国人社会で中心的な役割を果たしてきた人物や、その二世であった場合もある。彼らにとって、財産を封鎖され、住み慣れた横浜中心部から離れ、監視されての生活は、耐えがたかったのではないだろうか。

七沢の抑留者中で最高齢者のチャールズ・バーナードは、開港期から横浜で茶商として活躍してきた人物である。ウッドラフ姉妹の父は、明治初年から居留地の外国人の生活に欠かせない食肉業を営んだ、イギリス人F・G・ウッドラフである。ドンカーカーチス姉妹は、幕末に長崎出島《でじま》に赴任してきた最後の商館長ヤン・ヘンドリック・ドンケルクルチウスの子孫である。いずれも戦争さえなかったら、横浜外国人社会の名士として穏やかに暮らせた人たちであった。

悲惨な抑留末期の状況

不足する食料・医療

第二次日米交換船以後は、終戦まで抑留者が帰国できるチャンスはなく、また戦局の悪化とともに、食料不足もますます深刻になっていった。この時期の抑留所の状況を記した史料として、赤十字国際委員会が一九四四（昭和一九）年一月から三月にかけて行なった、東京第一抑留所・東京第二抑留所・埼玉抑留所・神奈川第一抑留所・兵庫第一抑留所・兵庫第三抑留所・長崎抑留所・愛知抑留所の各民間人抑留所の視察報告がある（「大東亜戦争関係一件　交戦国間敵国人俘虜取扱振　一般及諸問題　帝国権下敵国人収容所視察報告」外務省外交史料館）。

赤十字国際委員会による視察報告

これは、赤十字国際委員会日本代表部のH・C・アングストとマックス・ペスタロッチが作成した英文の報告書で、スイスジュネーヴの赤十字国際委員会本部を通じて外務大臣に提出されたものである。内容は抑留所ごとに、所在地、国籍別収容人数、周辺の環境、抑留所建物の状況、暖房・寝具・風呂・便所などの施設、食事、抑留者の健康状態、余暇や娯楽の状況、外部からの訪問や通信の状況、抑留者代表からの要望などを詳細に記したものである。報告書に記された一九四四年一月から三月の抑留所視察については『外事月報』一九四四年一月分から三月分にも記載があり、警視庁や各県警察の了解を得たうえでの公式視察であることがわかる。

したがって、視察は事前に抑留所側に通知されたうえで行なわれており、普段の抑留生活をそのまま示すものとはとても言えない。また、視察報告は、抑留所の厳しい実態をそのまま書くと、警察当局が態度を硬化させて抑留者に対する扱いをさらに悪くするおそれがあるため、婉曲《えんきょく》な表現での報告となっている。しかし、それらの点を考慮しても、この史料が抑留所の当時の状況を詳細に報告した貴重なものであることは確かである。

アングストとペスタロッチが作成した報告書の内容から「食事」の部分をまとめると表8のようになる。抑留所によってばらつきはあるものの、肉・魚・卵・牛乳などタンパク源はいかにも乏しく、健康な生活維持は困難だと思われる。東京の二ヵ所の抑留所では、

留所視察報告（1944年１月～３月）より　１日当たり食事量

神奈川第１	東京第１	兵庫第１	長崎	愛知
１月31日	２月24日	３月13日	３月16日	３月19日
49名	42名	61名	15名	16名
イギリス23名 アメリカ７名 カナダ　13名 ギリシャ３名 無国籍　３名	イタリア42名 （男31・女11）	イギリス24名 アメリカ29名 ベルギー１名 オランダ３名 グアテマラ１名 無国籍　３名	イギリス５名 カナダ　６名 ベルギー２名 オランダ１名 ノルウェー１名	イタリア16名 （男12・女４）
300g	600g	400g	225g	110g
330g	なし	167g	420g	220g
	週２回			15g
				30g
			60g	40g
なし	56g	10.8g	37g	15g
時々	112g	15g	167g	12g
なし	1.5個	16.7g	病人用	14g
なし	なし	200g	なし	62cc
なし		なし		
なし	52g	30g	10g	
なし	少し	なし	なし	なし
612g さつまいも含	375g	367g	75g	豊富
なし	その季節に	193g	少ない	その季節に
	時々	100g	33.3g	なし
3.3g	10.7g	26.7g	10g	量は不明
なし	なし	3.3g	10g	なし
7.9g	30.9g	8.3g	15g	25g
なし	なし	6g	なし	

体の量を記している場合もあるが，１人１日当たりに換算した．
食事量の記載がないため，この表では省略した．
はドイツの記載があったが，『外事月報』や終戦時名簿から判断してオランダ

表8　赤十字国際委員会抑

	東京第2	埼玉
視察期日	1月26日	1月28日
収容人数	59名	56名
国籍別	イギリス28名 アメリカ15名 カナダ　5名 オーストラリア4名 ベルギー5名 オランダ2名	イギリス11名 アメリカ3名 カナダ　30名 ベルギー3名 オランダ2名 ギリシャ7名
パン	600g	356g
米飯	なし	555g
オートミル		100g
マカロニ		
うどん		
小麦粉	33.3g	
肉	56g	75g
魚	200g	180g
卵	なし	なし
ミルク	なし	なし
マーガリン	100g	時々
バター		なし
チーズ		なし
野菜	750g	750g じゃがいも含
果物	1日おき	180g
ジャガイモ	なし	
紅茶		6g
コーヒー	なし	なし
砂糖	56g	7.5g
甘い物		月1回

視察報告には1ヵ月当たり，または抑留所全
兵庫第三抑留所の視察報告（3月14日）には
埼玉抑留所と東京第二抑留所の抑留者国籍に
に訂正した.

いずれも主食としてパン六〇〇グラムが支給されているが、これは先に述べたメーベル・フランシスの体験記に、国際法で一日「一斤のパンを配らなければならない」と記されていたことと符合する（本書一七三ページ）。また、実際にはその後、雑穀の粉や米飯が支給されるようになっていくことも前に記したとおりである。しかし、東京以外の抑留所では、この時点でもうパンと米飯が併用されており、だいたいの抑留所ではパンよりも米飯が主体

になっている。

神奈川第一抑留所では、一日一人あたりの食事はパン三〇〇ムグラ足らずと、雑穀入りのご飯が三三〇ムグラ、肉や魚はたまに出る程度で、卵もバターも甘いものもない。報告書の抑留者代表との会見の欄には、抑留者の代表であるチャールズ・モスの意見として、

食料が不十分であり、もっとパンが欲しい。砂糖も欠乏している。一人あたりの食料は前の収容所より少ないという声が聞かれる。カトリックの神父たちは、ここでの食料は前の半分ぐらいだと言っている

という訴えが記載されている。

この報告書のなかで、もっとも食料の支給量が少ないのは、イタリア民間人が抑留された愛知抑留所である。一日にパン一一〇ムグラ、大麦入りご飯二二〇ムグラ、またわずかな量のマカロニ・うどん・小麦粉・肉・魚・卵・ミルクなどの食品が供給されているにすぎない。

しかし、実際に愛知抑留所に抑留されていたフォスコ・マライーニの伝記によると、三月中旬に赤十字代表が天白村《てんぱくむら》の抑留所を訪れた時の状況は、これでも普段の日の二倍の配給米と卵八個など、さまざまな食料が渡されていたらしい。興奮状態に陥ったイタリア人たちが警備警察官の指示どおりに調理して食べはじめると、間もなく立派な身なりをした

ヨーロッパ紳士がなかをのぞきこみ、マライーニたちが抑留所の実態を訴える間もなく、警察官は赤十字代表を連れ出してしまったという（『フォスコの愛した日本』前掲）。

普段よりましな食事は、赤十字代表に見せるための「やらせ」だったわけである。しかし、報告書には、収容者がだんだんやせ細って全般的に健康状態が悪い、ということは記されている。

兵庫第一抑留所（カナダ学院）では、主食としてパン四〇〇グラム、米飯一六七グラムと記されているが、副食になる肉は一〇・八グラム、魚は一五グラムと、まるで赤子の離乳食ほどの少量である。健康状態の欄に「収容者の一人は体重が一〇〇ポンドも減ったと言っている」と記し、抑留者からの意見の欄に「収容所の近郊の丘で薪を集める仕事が、収容者をよけい空腹にしている」と記されている。また、兵庫第三抑留所でも、抑留者の代表は、

　現在の収容者一人あたり三〇オンスの食料というのは、ほとんど水分であるが、とても十分とは言えない。昨年よりも少なく、当初に比べると更に一層少ない。人びとはやせて体力が衰えている。収容以来平均して三〇〜四〇ポンド減っている

と、訴えている。

長崎でも抑留者代表の意見の欄に、

収容の最初の年は食物は良かったが、だんだん悪くなり、人によっては同じものばかりの上、量が少ないと言っている。体重の変わらない人もあるが、最大八〇《ポンド》も減った人もいる

と記している。

不足しているのは食料ばかりではない。「暖房」の欄では報告された八ヵ所の抑留所のほとんどには暖房がなく、埼玉抑留所では「余暇」の欄に、暖房がないため余暇の時間はほとんどベッドに入っている、と記されている。

神奈川第一抑留所は、足柄山《あしがらやま》の山麓にあり、室外の気温は氷点下に下がるのに暖房がなく、イタリア人外交官らを収容した東京第一抑留所（田園調布聖フランシスコ修道院）でも、ストーブがあるのは集会室だけで、各部屋では収容者個人で電熱器を持ち込んで暖をとっている。兵庫第一抑留所でも暖房がないため、収容者たちが初歩的な暖房器具を手作りした。兵庫第三抑留所では、燃料があるときのみ暖炉が使用できる。各部屋に炭火があるというのは、長崎抑留所のみである。

抑留者の数に対し、施設の広さが十分でないのも問題で、埼玉抑留所では一部屋に一人から四人収容されていて窮屈で、クローゼットや棚のスペースは明らかに不足している、

と記されている。神奈川第一抑留所でも、収容者たちの部屋は窮屈で、ある寝室にはベッドを置くスペースがなくて、ベッドの代わりに三人がテーブルの上に寝ている、という。また、愛知抑留所では、そもそもベッドがなく、抑留者代表の意見の欄に、畳の上に寝ることに抑留者は大変困難を感じている、と記されている。赤十字代表の慎重な表現からでも、抑留所の生活がかなり悲惨なものであったことがうかがえる。

続出する死亡者と神奈川第一抑留所

この視察後、神奈川第一抑留所では、食料不足による栄養失調や持病の悪化から、次々と死亡者が出た。

戦後の戦犯裁判に提出された抑留者たちの証言（GHQ資料ワシントン国立公文書館・国会図書館憲政資料室）によると、抑留所の食事は、四四年七月ごろからとくにひどくなり、一日の食事は茶碗一杯半のご飯と水っぽいスープに、パンが一枚程度となってしまった。

そんな状態のなかで、まず四四年七月に、東京商科大学（現、一橋大学）予科講師だったH・G・ブルール（五八歳）が腸の病気で死亡した。抑留所付きの医師として月に一度抑留所を訪れていた清水汪によると、ブルールは小田原の病院で手術を受けたが、衰弱した身体で抑留所へ戻され、癒着《ゆちゃく》から機能障害を起こしたという。その後、ふたたび小田原の病院に送られ、そこで死亡した。

一〇月には、荷役作業員だったジェームス・B・エメリ（五二歳）が心臓病で死亡した。エメリは以前から心臓が悪かったが、入院させてくれるよう何度も抑留所長に懇願したのに、入院費用を持っていないからという理由で拒否され、抑留所のなかで死亡した。

四五年一月には、アーサー・M・カーデュー（六九歳）が死亡した。カーデューは、暖房のない抑留所の寒さに気管支炎を悪化させ、帰宅を強く望んだ。四四年一二月末の早朝、真冬の寒さのなかを、抑留所仲間に付き添われ、リヤカーで山北《やまきた》駅まで運ばれ、列車で横浜の自宅へ送り帰されたが、間もなく死亡した。

四五年七月には、辻音楽師ジョナー・ケーキ（四四歳）が死亡した。抑留所内で医療を担当していたジョージ・モスによると、ケーキは外部からの食料差し入れのない抑留者で、栄養失調で衰弱し、ひどい下痢をおこしていた。ジョージ・モスが医者を呼ぶように訴えたにもかかわらず、所長に拒否され、手当を受けることなく、抑留所内で死亡した。

八月六日には、元会社員エドモンド・バーク（七五歳）が、抑留所から移送された箱根《はこね》仙石原《せんごくばら》の別荘で、心臓喘息のため死亡した。いずれも十分な食料や適切な医療が受けられれば、失われなくてすんだ命だったのではないだろうか。

神奈川第一抑留所の抑留者は、第二次日米交換船でロバート・クラウダーなど三名が帰国して以降、四九名となっていたので、そのうち約一割にあたる五名が、終戦までの約一年間で死亡したことになる。このように多くの死亡者の出た原因は何であろうか。

抑留所長だった渡辺勝之助巡査部長は、戦後になって多くの死亡者が出た責任を問われ、戦犯裁判にかけられた（後述）。その裁判で彼は、「当時の一般の日本人に優るとも劣らないくらいの待遇をしていた」と語っている。しかし、所長が故意に虐待をしてはいなかったとしても、抑留者の証言や赤十字国際委員会の報告から、実際の食料不足は明らかである。

問題は、抑留所に配給される食料が、間違いなく抑留者に渡ったかどうかという点にある。抑留者の証言によれば、所長は、家族や親しい友人を頻繁に抑留所に招き、食事をふるまっていた。この時、抑留者に配給されるべき食料を、日本人仲間に流用していた疑いが強い。また、食事の量を制限することで抑留者を統制していたようである。そのため、抑留者は常に不足する食料を、家族からの差し入れや自費での購入で補わなければならなかった。

抑留所警備を一九四五年六月から一〇月まで担当した、元警察官の片倉明文氏（故人）

の証言によると、彼は抑留者のジョージ・モスや、ダゴスタなどに頼まれてうどん粉などの食料を買ってきてやった、という(『焦げたはし箱』夢工房、一九九二年)。また、カトリックの宣教師をのぞいた抑留者中の三分の二は、日本人の妻子を持っており、横浜と比べ不便な場所になったとはいえ、家族は決められた日には面会に来てパンなどの差し入れをしていた。しかし、エメリやケーキのように金もなく、家族もいない抑留者は、飢えに直面したに違いない。

所長の渡辺勝之助は、ケーキが「夜間勝手に出ていって付近の農家のトマトや唐もろこしを盗み、苦情がくる」(『神奈川県警察史・下巻』神奈川県警察部、一九七四年)と語ったが、彼は生きていくぎりぎりの食料が与えられないから、畑を荒らしたのだろう。戦争末期の極限状態のなかで、外部に支えてくれる家族がいるかどうかが生死の分かれ目だった。

また、必要な医療が与えられていなかったことも明らかである。この抑留所を担当する清水医師は、治療に必要な医薬品を持っておらず、抑留者の一人であるジョージ・モスの持参した薬に頼るありさまだった。栄養補給が必要であるとか、入院加療が必要であるとかの、医師としての助言も、ことごとく所長に無視されたという。

第二次日米交換船以降の時期に、死亡者が相次いだのは、神奈川第一抑留所だけではない。兵庫県の神戸抑留所でも、四三年九月から四五年八月の終戦までのあいだに、計一〇名の死亡者が出ている。

神戸抑留所の移転

神戸抑留所に抑留されたグアム島のアメリカ人は、連行型抑留者としては早くから赤十字国際委員会に公表され、比較的優遇されていたと思われ、四二年二月に六七歳のグアム島民間人が腎臓疾患で死亡して以降、一年半ほど死亡者は出ていなかった。しかし、四三年九月に在日オランダ人四五歳、一〇月にグアム島民間人六五歳が病死。四四年に入ると三月にグアム島民間人四九歳と、在日イギリス人六四歳、四月に在日イギリス人六三歳と、グアム島民間人三二歳、五月にカナダ人女性教師四二歳、一〇月にグアム島民間人七〇歳が相次いで死亡した。さらに四五年にも一月に、長崎から移転して来たベルギー人宣教師六二歳と、神戸在住のアメリカ人六〇歳が死亡したのである（福林徹「神戸にあった捕虜収容所と敵性外国民間人収容所」歴教協兵庫大会レポート、二〇〇七年）。くわしい状況はわからないが、やはり食料や医療の不足が原因になったものと思われる。

また、このころには空襲の危険が現実的なものとなり、内務省警保局から四四年四月四日付で、「空襲其の他非常事態発生の場合に於ける在留外国人の取扱に関する件通牒《つうちょう》」が

図７　再度山の抑留所（終戦直後撮影，『Trapped with the Enemy』より）
1944年５月以降，神戸抑留所とされた．

出され、空襲の公算の大きい地域に所在する抑留所の移転が要請された。その結果、同年四月、神戸市中心部の市街地に所在していた兵庫第一抑留所（カナダ学院）、第三抑留所（バターフィールドエンドスワイヤ）、第四抑留所（チャータード銀行社宅）は閉鎖され、抑留所は神戸市中央区神戸港地方口一里山の再度山《ふたたびさん》に移転することになった。

五月二三日から二六日のあいだに、グアム島アメリカ人を含む男子抑留者一五九名は、市街地中心部から北西に五㌔ほど離れた再度山の、養護学校「竹馬《ちくば》学園」林間学校を接収した抑留所へ移転した。神戸市内といっても、遠く市街地を離れた標高三〇〇㍍ほどの山中にある、五万坪の広大な林の中に点在する校舎が、新たな抑留所となった。

同年七月になると、神戸区北野町の神戸第二抑留所（イースタンロッジ）に収容されていた宝塚の小林《おばやし》聖心女子学院の修道女一七名、神戸のセントマリア女学院の教師・修道女六名、満洲からの宣教師など女性九名、満洲からの宣教師夫婦八名の計四〇名は、長崎抑留所（聖母の騎士神学校）へ移動させられ、神戸第二抑留所も閉鎖された。同時に、長崎抑留所に収容されていた男子一五名が、神戸から来た女子と入れ替わりに、再度山の抑留所へ収容された。その結果、再度山の抑留所には、男子ばかり一七四名が暮らすことになった。

抑留所のなかは、グアム島ポメロイ土木関係者、パンアメリカン航空社員、在日外国人神戸出身者、カトリック修道士など、それぞれ班に分かれ、班長を選んで自治委員会を作った。全体の委員長には、グアム島から来たポメロイ土木の技師C・H・エルドリッジ（五〇歳）、副委員長には大学出でポメロイ土木の会計係をしていたC・H・ウッドラフ（二六歳）が選ばれた。日本語に堪能な神戸の在日外国人三名が通訳の役割を果たした。

再度山抑留所には一一棟の建物があったが、木造二階建ての校舎と、それに接続した寄宿舎と、教職員の宿舎の三棟が抑留所の中心的な建物だった。校舎内には廊下に沿って一〇ばかりの部屋があり、これを居室として使った。各部屋は縦横八フィートと一四フィートほどの広さで、壁に沿って二段ベッドが設置されていた。もともと病気や障害を持つ子どもたちのための施設だったため、大柄な外国人を収容すると部屋もベッドも窮屈であった。パンアメリカン航空社員のジェームズ・トーマスはこの抑留所を、

> われわれはごみごみした街を出て、山中の安全な場所に移動することになった。木立の茂る丘に囲まれ、あたりは大変静かで空気は新鮮、プライバシーがあり、そして何よりもとても美しいところだった。それぞれの建物には狭いが、ベッド、シャワー、便所があり、比較的快適だった。またポーチ、拡声器、食堂にはピアノもあった。が、無愛想な六名の監視兵が絶えず周りにいた。
>
> （『Trapped with the Enemy』前掲）

と表現した。

食事は、県庁雇い入れの業者がコック五人と雑役係三人を使って調理し、それを別棟の食堂で食べた。神戸市街地から遠くなったため、米・パン・バター・肉・魚・野菜などの食料は、抑留者が一二人ずつ一組になって、毎日輪番で神戸区平野町へ行き、トラックで運ばれてきた食料を受け取って荷車を使って運び上げた。荷車には二本の長いロープが両

側に結ばれており、それぞれ四人の男たちがそれを引っ張り上げ、残りの四人の男たちが後ろからその荷車を押し上げた。毎日往復一六キロの道のりを運搬するのは大変だったが、神戸の街のざわめきに触れることができ、気晴らしにもなった。

浅い井戸と小さな貯水池があるだけの抑留所は、慢性的な水不足で、設置されているシャワーも、一週間か二週間に一回しか使えなかった。冬は寒さが厳しかったが、各部屋にはストーブが設置されていた。抑留所周辺の林から、自分たちで薪を採っては暖をとる生活だった。再度山に移転してからの抑留所の状況については、長崎から移転してきたカナダ人のカトリック修道士カリキスト・シマール氏は、

一日の食事は小さなパン一切れとわずかなおかず。体重が半分になった人も。六畳部屋に六人が生活し、三段ベッドに冬でも薄い布団。信仰が心の支えでしたが、一般の抑留者には、地獄だったでしょう。（『東京新聞』一九九四年一一月三〇日夕刊）

と語っている。

一九四五年三月一七日には、神戸がB29の編隊に空襲され、市街地は火に包まれた。一機のB29は再度山に墜落し、空中分解した機体や搭乗員の遺体が抑留所周辺に落下した。遺体の埋葬作業には、抑留者も協力した。飢えに直面する生活ではあったが、空襲を避け

るという意味では、抑留所の移転は有効だったようである。

一方、長崎に移った修道女たちは、在京スイス公使館およびローマ法王庁使節より、外務省を通じてミサの執行を希望し、八月から毎週日曜日に日本人司祭山川清が抑留所に入ってミサを執り行なうようになった。また、同じころ、長崎抑留所は家族抑留所に指定され、夫婦で別の抑留所に収容されていた場合、この長崎抑留所に合流して、ともに暮らせるようになった。その最初の例として、四四年八月、埼玉抑留所に収容されていたイギリス人トレバー・ジョーンズと、東京抑留所に収容されていたジョーンズの妻は、それぞれ遠路を長崎まで護送されて、長崎抑留所で一緒に抑留された。

戸塚でのオーストラリア人看護婦

赤十字国際委員会による公式視察の行なわれた抑留所は、内務省がその存在を公に認めている抑留所であった。したがって、視察結果によっては、外務大臣に対し待遇改善についての要望が出され、交換船によってもたらされた救援物資も届けられた。しかし、国際的に秘匿された、神奈川第二抑留所・広島抑留所・宮城抑留所などの状況はどうなっていったのであろうか。

神奈川第二抑留所（横浜ヨットクラブ）に抑留されたオーストラリア人看護婦たちは、二年ほどそこで過ごした後、横浜市戸塚区（現、泉区）和泉町四五七三番地に移された。

この移転の時期については『外事月報』には記載がないが、米国国立公文書館所蔵資料によると、一九四四年七月九日である。移転の理由は、神戸の抑留所と同じく、横浜市中心部の市街地が、空襲の危険にさらされる可能性が出てきたためと考えられる。

戸塚区和泉町の抑留所は、かつてここが鎌倉郡中和田村だった時代の避病舎（伝染病隔離病舎）の建物を利用したもので、林に囲まれた約二〇アールの敷地に、木造平屋建て延三〇〇平方メートルの建物が建てられていた。現在は、近くに区役所やショッピングセンターの建ち並ぶ繁華な場所となっているが、当時は長後街道が通っているだけの静かな農村だった。護送車で送られてきた看護婦たちは、のどかな田園風景に安心感を持ち、ひもじい思いから解放されるのではないかと期待した。一歩も外に出られなかった横浜ヨットクラブでの生活とは違ったが、ここでもオーストラリア人看護婦たちは、庭で菜園を作ったり、抑留所の外で薪や石炭を運んだりする以外は外出を禁じられていた。

抑留所開設に先立って、当時の戸塚区役所出張所二階に近隣住民三〇名ほどが集められ、抑留所設置の説明会があり、

　この人達はいまに日本が負けて、アメリカが助けに来てくれるという信念を持っている。だから物品を与えたり、危害を加えたりしてはいけない

図８　戸塚の抑留所（1969年撮影）
1944年７月から，神奈川第二抑留所とされた．抑留者が使った井戸が写っている．

という話があったという。近所の住民は、とくに外国人に対し悪い感情などを持たず、子どもたちが好奇心を持って近づいたり、姿を見かけると野菜やじゃがいもなどの差し入れをしてあげる人もいたという。しかし、抑留者がラバウルで捕えられたオーストラリア人であることは、住民にはまったく知らされておらず、したがって横浜あたりに住んでいた外国人だろうと思われていた（一九九三年九月聞き取り）。

抑留所では、もとは病室だった一〇畳ぐらいの洋室七部屋のうち、五部屋が看護婦たちの居室にあてられ、玄関脇の和室二部屋が、警備の警察官と、通訳の吉田の部屋となった。看護婦の手記『Not Now Tomorrow』（前掲）によると、この抑留所敷地内の裏手の小家屋に住みこんで、賄《まかな》いの手伝いをしていた山川サク（終戦時四八歳）は、看護婦たちから「オバサン」と呼ばれていた。オバサンは水汲みをさせたり、野菜作りを教えたりと、彼女たちの生活全般に影響力を持った。横浜ヨットクラブ時代から抑留所のコックをしていた「フジ」（看護婦らによる呼び名）が四五年二月に抑留所担当から離れると、ますますオバサンの力は強まった。オバサンも警察官たちも当然のように抑留者に配給される食料品を流用したが、一方で、オバサンは彼女たちに毛糸を渡してセーターを編ませたり、縫物のアルバイトを斡旋《あっせん》して、報酬としての食料を得る手立てをとった。もちろん仲介料はしっかり取るのだが、看護婦たちの苦境に無関心な警察官と違い、近隣住民と看護婦とのあいだには、オバサンを介して奇妙な取引きが生まれたようである。

看護婦の日記によれば、一九四四年晩秋から四五年春までのあいだ、彼女たちは食料不足に加え、寒さにも苦しめられた。鉄筋コンクリート造りだった横浜ヨットクラブに比べ、戸塚抑留所は粗末な木造家屋で、暖房もなかった。また、抑留所には水道もなく、毎日井戸から重い木の桶《おけ》に一〇〇杯も、ポンプで水汲みをしなければならなかった。栄養不足で体力の衰えている看護婦には、その労働も大変だった。真冬には井戸も凍りつき、午後二時ごろにならないと、水を汲み出すことができない日もあった。

日本軍の戦況悪化とともに、戸塚抑留所の生活は次第に食料不足が深刻となった。『日本軍捕虜収容所の日々』（前掲）に記載されたメイヴィス・カレンの証言によれば、

体重がどんどん減り、腹は空きっぱなしで、寒かった。みんな病気だった。私はマラリアにはかからなかったけど、みんな赤痢《せきり》、脚気《かっけ》、さなだむしにやられていた

という。看護婦の一人アイリーン・キャラハンは結核に冒されており、病状はどんどん重篤になっていった。彼女は終戦後、帰国を果たしながら、数年後に死亡することになる。

先にも述べたように、日本政府は、彼女たちについての情報を長い間国際赤十字に通知せず、オーストラリア人看護婦らの横浜での抑留は、国際的に秘匿されていた（本書一五二ページ）。一九四五年六月一六日、ようやく日本政府は彼女たちの名簿を赤十字国際委員会に送り、通報後、六月二九日にスイス代表の訪問があり、七月三日には赤十字国際委員会代表の訪問もあって、はじめて家族に手紙を出すこともできた。激しさを増す空襲は、連合軍の優勢を確信させ、彼女たちはお互いに励まし合って食料不足に耐え、解放を待っていた。

神奈川第二抑留所と同じように秘匿されていた広島抑留所や宮城抑留所については、こ

の時期にどのような状況であったのか、くわしいことはわからない。しかし、オランダ国立公文書館所蔵の「オランダ軍病院船『オプテンノール号』抑留者に関するメディカル・レポート」には、広島抑留所でも四五年には食料の絶対量が不足し、食料の質は常に粗末なもので、抑留者の体重は平均で男性二六・一キロ、女性一〇・六キロ減少したことが記されている（『海軍病院船はなぜ沈められたか』前掲）。

宮城抑留所でも、インドネシア人一名の死亡者が出ている。ナンキン号の乗船客などを収容した福島抑留所でも、「ほとんどの抑留者が二〇キロ以上もやせてしまった」といわれるほどやせ細り、一九四五年四月に女性一名が病気で亡くなっている（『福島にあった秘められた抑留所』前掲）。

抑留者の生命はこの時期、もう生きていけるぎりぎりの状態まで追い込まれていたといえるだろう。

本土決戦にそなえて――抑留第四期

新たな抑留対象拡大

開戦時に在日外国人の成年男子から始まった敵国人抑留の対象は、第二期には女性教師や宣教師に拡大され、第三期には同盟国だったイタリアの降伏にともない、イタリア人にも拡大された。その後、一九四五（昭和二〇）年の初めころから、敵国人抑留の対象はさらに拡大され、新たに日本在住のドイツ人・フランス人・スペイン人・ポーランド人などにも及んだ。このころから終戦までを、抑留第四期と考えたい。

本土空襲が本格化し、食料不足がさらに深刻となるこの時期は、『外事月報』も刊行されていないため、抑留の状況を詳細にたどることはむずかしい。しかし、抑留体験者の手記や外務省史料などにより、その概要をつかむことはできる。

まず、ドイツ人の抑留であるが、従来ユダヤ系ドイツ人は日本政府にとっては、とくに警戒や迫害の対象にはしてこなかった。しかし、ナチスにとっては、本国での迫害を逃れようとして、多数のユダヤ人が日本に亡命していることは重大問題であり、すでに一九三三年六月、ナチス日本支部が結成され、日本のドイツ人社会では活発な活動を始めていた。

大学教授や音楽家などとして日本社会で高い評価を受け、崇拝されているともいえるドイツ人の多くがユダヤ人であることは、ナチスにとって我慢ならないことであり、民間の仕事に就くドイツ人も、ナチス党員でないと、ナチスからさまざまな圧力を加えられた。一九四一年五月、ゲシュタポ（秘密国家警察）の大佐であるヨーゼフ・マイジンガーが大使館に赴任してきて以来、日本の特高（特別高等警察）と協力して、在日ドイツ人に対する監視取締りが行なわれるようになった。そして一九四五年二月から、ナチスにとって好ましからざるドイツ人の抑留が始まったのである。

一九四五年二月末、一九三七年まで東京音楽学校（現、東京芸術大学）教授だったユダヤ系ドイツ人音楽家クラウス・プリングスハイムと、息子のハンス・プリングスハイムを含む数名のドイツ人が、新たに東京第二抑留所（文京区関口台の小神学校）に抑留された。

ピアニストで東京音楽学校教師だったレオニット・クロイツァーも一緒だった（早崎えりな『ベルリン・東京物語』音楽之友社、一九九四年）。この時期、日本の音楽界をリードしていたのは、ヨーロッパの戦乱を逃れて来日したユダヤ系音楽家だった。彼らに対する迫害が、日本でも始まったのである。その後、五月までに抑留ドイツ人は一八名になった。音楽家のほかにも、反ナチスの貿易商ルドルフ・フォル、元裁判官のベッカー、金属関連企業社長フィーゲル、アルミニウムの特許を持っていたティーデマンも一緒に抑留された（上田浩二、荒井訓『戦時下日本のドイツ人たち』集英社、二〇〇三年）。

前にも述べたように、東京第二抑留所には、すでに四三年一〇月から宣教師・修道女などの女子六二名が収容されていた（本書一七一ページ）。ところがその後、四四年五月には、女子三名が老齢病弱のため抑留を解除され、また八月には、長崎抑留所を家族の抑留所としたため一名が長崎抑留所に移され、九月には女子二名が高齢のため抑留を解除された。さらにその後、アイルランド国籍の修道女が一一月六日以降、まとめて一五名抑留を解除された。四三年五月、アイルランドに日本国総領事館が設置されたことにより、アイルランドは中立国と認定されることになったためである（『大正昭和カトリック教会史3』前掲）。その結果、当初より二一名の減員となった東京第二抑留所に、まるで空き部屋を埋めるかのようにドイツ人が抑留されたのだった。

しかもこの時期、ヨーロッパではナチスドイツは大戦に敗れ、五月八日、連合国軍に無条件降伏をした。そのため、約三〇〇〇名の在留ドイツ人は、同盟国人から敵国人になってしまった。彼らすべてを抑留するのは不可能であるため、日本政府は一般のドイツ人たちには疎開を勧告し、ドイツ人は日本が降伏する八月まで、軽井沢《かるいざわ》や箱根《はこね》、山梨や神戸でひっそりと暮らした。その一方で、一八名の反ナチス的ドイツ人は、ドイツ降伏にもかかわらず、終戦まで抑留されることになった。

軽井沢・箱根への強制疎開

ドイツ降伏によって、連合国軍と戦いつづけているのは、日本ただ一ヵ国となった。フランスは一九四四年九月、ド・ゴール政権がパリ帰還を果たし、対日宣戦布告を再確認した。それでも日本政府は、仏領インドシナ政府との協力関係を重視して、フランス人は敵国人扱いしてこなかった。しかし一九四五年三月、日本軍がフランス植民地政府を武力で解体して以降は、フランス人を敵国人と見なさないわけにはいかなくなった。

ポーランドについても、ドイツ占領下では敵国扱いしなかったが、ドイツが敗れ、四五年六月にポーランドが統一臨時政府を樹立して対日宣戦布告したため、敵国となった。

スペインは長いあいだ中立国だったが、四五年四月、対日国交断絶を通告してきた。

このように敵国は増える一方で、最終的には、スイス・スウェーデン・ポルトガル・アイルランド・アフガニスタン・バチカンの六ヵ国の中立国をのぞく、世界の四五ヵ国を敵に回すこととなった。これらの在日外国人を敵国人として抑留するという政策は、すでに破綻に瀕していた。それでも本土決戦を叫ぶ軍部と日本政府は、外国人を特定地域に集住させて管理しようとした。集住の場所に選ばれたのが、長野県軽井沢と神奈川県箱根であった。

神奈川県では、本土決戦に備え、一九四五年ころから中国人をのぞくすべての外国人を箱根地区に集住させた。『神奈川県警察史・中巻』（前掲）によると、政府は日本の利益代表国であるスイスを通じ、敵国側に対し「箱根地区を非戦闘地域に指定する」旨を正式に通告し、四四年五月一日、神奈川県警察部は箱根地区に在留外国人を収容するため、小田原警察署内に外事分室を設けた。その後、分室を箱根登山鉄道強羅《ごうら》駅二階に移し、外国人に対する登録事務・旅行許可・出入事務、食料やその他の生活必需品の配給などを行なった。

東京と横浜所在の大使館・公使館・領事館、商社などもほとんどがこの地区に移転した。

宮ノ下の富士屋ホテルは、政府の方針により、四五年四月には、中旬までに一般邦人滞在客をすべて転出させ、ドイツ大使館・イタリア大使館・タイ大使館・満洲国大使館などの外交官を受け入れた。カトリックの修道会マリア会の経営する四つの学校、東京の暁星《ぎょうせい》中学校、横浜のセントジョセフ学院、大阪の明星商業学校、長崎の海星中学校に残っていたフランス人神父や修道士は、四四年三月から順次強羅の箱根パークホテルに移った。

終戦直後の一九四五年八月二五日付で神奈川県によって作成された史料「在留外国人名簿　神奈川県」（国立公文書館資料）によると、この時点で神奈川県には三三〇八名の外国人が在住している。そのうち圧倒的多数は中国人で一九一七名だが、次に多いのがドイツ人で七六八名を占める。満洲国・タイ・ビルマなどのアジア系外国人が一三七名。比較的多いのは同盟国や中立国だった、イタリア人六一名、ポルトガル人三七名、フランス人四五名などである。

英米系のいわゆる敵国人は、早くから抑留されたり、交換船で帰国したりしたためか、わずか三六名（アメリカ人一三名、オランダ人一一名、イギリス人九名、オーストラリア人二名、ノルウェー人一名）にすぎない。これらの外国人の住所だが、中国人以外の外国人一二九二名のうち、箱根地区居住者は一一九四名と、実に九二％を占めている。おそらくこうした箱根への集住は、四五年以降に本格化したものだろう。

また、以前から外国人の別荘地だった長野県軽井沢は、一九四一年、外国人の強制疎開地に指定された。四三年にはドイツ人二〇〇家族ほどが在留、四四年に万平《まんぺい》ホテルにドイツ人婦女子が集団疎開し、また同四四年には貸別荘だった「深山荘《みやまそう》」にスイス公使館も置かれた。さらに一九四五年七月ころ、関東全域から外国人強制疎開が行なわれた。これについては、外務省外交史料館所蔵史料に、一九四五年七月八日付の外務省軽井沢事務長大久保公使から古内政四課長に宛てた「外国人軽井沢疎開ニ関スル件」という文書がある。この文書に、

本件に関しては現地受入態勢徐々に進行中なるも　未だ充分ならざるやの印象を受け居《お》る処　外国人現在居住地警察官憲の遣口《やりくち》を察するに　唯《ただ》当該地域より外国人を追出しさへすればよしとの観念に支配され当地警察と何等《なんら》の連絡なくどんどん送出し居るものの如く　当地に来りても受入態勢整はす　我官憲の態度に不満を抱き居るもの相当あるやに見受けらるる処……

という記述がある。実際、このように受入態勢なしに送り込まれてくる外国人が多かったらしく、ユダヤ系ロシア人ピアニストで戦争中も在日して軽井沢で過ごしたレオ・シロタ

の娘、ベアテ・シロタ・ゴードンの自伝には、

東京からは外国人もさらに強制疎開で送られてきた。（中略）四八時間以内に立ち退きを命じられたブブノワさん夫婦は、着の身着のままで軽井沢に着いたが、着いてみると受入先が整っていなかった。両親は奔走して、母がピアノを教えていた北欧の一家の廊下の端の部屋をやっと借りてあげることができた

（ベアテ・シロタ・ゴードン『一九四五年のクリスマス』柏書房、一九九五年）

とある。すべての外国人の強制疎開という政策はいたずらに混乱を招き、方針どおりに実行することはむずかしかった。

九州での根こそぎ抑留

九州では、一九四五年秋にも「オリンピック作戦」と称するアメリカ軍の上陸作戦が予想されたため、一九四五年からフランス人・イタリア人・ポーランド人・ドイツ人ら、すべての欧米人の根こそぎ的抑留が行なわれた。『熊本県警察史　第二巻』（熊本県警察部、一九八二年）によれば、熊本県阿蘇《あそ》郡長陽《ちようよう》村栃木《とちのき》温泉に外国人が抑留されたのは一九四五年初めで、男子修道士約四〇名を小山《おやま》旅館に収容し、旅館前には臨時巡査部長派出所を設け、看視にあたらせた、とある。

一方、『大正昭和カトリック教会史3』（前掲）によれば、栃木温泉に外国人が抑留され

たのは一九四五年七月ころで、フランス人一二名、イタリア人一一名、ポーランド人一〇名、ドイツ人二名、スペイン人一名、チェコスロヴァキア人一名、ユーゴスラヴィア人一名、計三八名の神父・修道士である。

この栃木温泉小山旅館に抑留された、ポーランド人修道士セルギウス・ペシェク氏（一九〇七年ポーランド生まれ）によると、

ポーランド人は敵国人ではないので一九四五年まで自分の修道院（長崎市本河内《ほんごうち》町聖母の騎士修道院）内で生活することが出来た。しかし七月二七日警察から命令の書類が来て、聖母の騎士修道会の一〇名のポーランド人神父・修道士は強制疎開させられることになった。食料を準備し八月二日に出発し、三日に阿蘇の山中にある旧《ふる》い旅館に入った。栃木に連れて行かれる途中、殺されるのかも知れないという何とも言えない恐怖を感じた。小山旅館にはすでにサレジオ会の神父が着いていて、収容されたのは全部で四二名だった。修道女が二名いた。食料は自弁で、一部屋に六人、布団は汚れていて固かった。生活は警察の監視つきだった。約二週間後戦争が終わったと知り、言葉では表せないほど嬉しかった

（一九九八年一〇月聞き取り）

ということだった。

また、女子修道会の場合も、同じころ九州各地の修道女二六名（フランス人九名、イタリア人九名、ドイツ人三名、スイス人二名、アイルランド人一名、不明二名）が福岡県田川《たがわ》郡英彦山《ひこさん》の山伏《やまぶし》修道場に収容された（『大正昭和カトリック教会史3』前掲）。この英彦山抑留所については、当時外国人修道女の慰問に通ったという、八代《やつしろ》市の修道院ナザレ園の修道女杉山スミエ氏によると、

　熊本、福岡、佐賀のシスターが抑留されたが、八代からもフランス人のテオフォンさんなど四人程度抑留された。何回か食料を持って訪ねたが、不自由で食料も少なく不便なところだった　（一九九七年八代市小山幸枝氏による聞き取り）

ということだった。

　セルギウス修道士らは、食料を自弁していることから「敵国人抑留所」に収容されたのとはやや違うかもしれない。しかし、場所や期日を指定されたうえで、警察の監視つきの集団生活という抑留同然の強制措置が、戦争末期に外国人に対して行なわれていたのである。セルギウス氏自身が語っているように、本土決戦になった場合、警察の管理下におかれた外国人の生命が、当局により危機にさらされることは十分に想像できる。

　抑留されたのは、修道士や修道女などの聖職者ばかりではなかった。父親がフランス人

で母親が日本人のルイズ・ルピカールの一家八人は、横浜から母親の出身地である長崎県戸石村《といし》（現、長崎市戸石町）に疎開していたが、四五年七月、佐賀県小城《おぎ》郡清水《きよみず》の抑留所へ収容された。抑留所への出発の日、村人の凝視の視線と伝染病患者のように避ける態度が耐えられなかったという。彼女たちが収容されたのは、天山山麓の清水寺《きよみずでら》門前の観光地で、そのなかの旅館や料亭が宿舎として割り当てられた。ルピカール一家と一緒に抑留されたのは、長崎のフランス代理領事ブクリをはじめとする、スイス人、デンマーク人のそれぞれ日本人妻を持つ老夫婦三組と、イタリア人の五人家族、ポルトガル人の親子などであった。食事は自炊で、配給の食料を持参した米や大豆で補って食べた。配給の粗末な野菜にフランス代理領事が「ワタシタチハ、ブータデハアリマセーン」と抗議する一幕もあった（ルイズ・ルピカール『ルイズが正子であった頃』未知谷、二〇〇六年）。

秋田への抑留所移転

一方、このころ神奈川県では、高齢者や女性が抑留された厚木市七沢《ななさわ》温泉の「女子抑留所」が、秋田県平鹿《ひらか》郡舘合《たてあい》村（現、横手市雄物川町薄井）へと移転させられた。玉川館《たまがわかん》の「営業統計簿」には、一九四五年五月三〇日付で「外人秋田へ転出ス」の記載がある。三月一〇日の東京大空襲以後、疎開の必要性はますます大きくなっていたが、外国人たちの移転は単純な疎開ではなかった。彼らが七沢温泉を出発するのと入れ替わりに、本土決戦部隊が七沢にやってきたのである。

「営業統計簿」六月一〇日には、「断部隊ノ将校宿舎トナル」という記載もある。断部隊とは、予想されていた米軍の「相模湾上陸作戦」に対抗して配備された、本土決戦部隊である陸軍第五三軍のことである。

近隣の玉川国民学校には、五月三一日から断部隊の軍司令部が設置され、福元館《ふくもとかん》の隣の中屋《なかや》旅館は、断部隊司令官赤柴八重蔵《あかしばやえぞう》中将の宿舎となった。七沢の外国人抑留所の秋田への移転は、本土決戦が実際に行なわれることを想定して、できるだけ外国人を予定戦場から遠ざける意味があったのであろう。

しかし、横浜の外国人にとって、七沢は丹沢《たんざわ》のふもとの静かな山あいではあるが神奈川県内である。そこから遠い秋田への移動は、ますます不安を掻き立てるものだったに違いない。七沢の抑留者の秋田への移転は、五月二〇日ころには北足柄村内山《うちやま》の神奈川第一抑留所に情報として伝えられていたらしく、内山に抑留されていたシデンハム・デュアが抑留中つけていた「抑留日記」には、内山の抑留者も新潟県佐渡島に移されるという風説が流れた、という記述がある。

ＧＨＱ資料（国会図書館憲政資料室）によれば、七沢の抑留者は六月一日、秋田県平鹿郡舘合村薄井五二（現、横手市雄物川町）に到着し、抑留所が開設された。その後、終戦後の九月八日まで約三ヵ月の期間、ここが外国人女子抑留所となった。抑留所となった建物は、舘合《たてあい》産業組合（おものがわ農業協同組合の前身）の建物であったが、現在は残っていない。

地元で敵国人抑留所のことを研究している『横手市史』近・現代部会専門委員の塩田康之氏の調査によると、産業組合の建物は一九二四年に建てられたもので、その後、横荘鉄道舘合駅の近くに産業組合が移転したため、当時は使っていなかった。一階は事務所だったが、二階部分を一〇部屋ほどの小部屋に区切って外国人を収容した。抑留所開設前には、近所の世帯主を集めて説明会を行なった。建物の周りには高い塀をめぐらして、中にはカーテンをめぐらし、内部が見えないようにした。また、建物の外に、厨房にする小屋を作り、食事作りには横手《よこて》市から洋食のコックが通った。住民のなかに外国人に対する悪感情はなく、きゅうりや野菜を届ける人もいた。

秋田での生活については、イギリス人のアリス・ウッドラフとその妹ルーシー・ウッドラフの証言がGHQ資料に記載されている。おおむね次のような内容である。

1　秋田県舘合の民間人抑留所にいたあいだ、待遇は良く、幸福だった。

2　行動の自由もかなり認められていた。
3　食事は十分というわけではないが、飢餓状態ということはなかった。
4　虐待はなかった。
七沢抑留所と比べての待遇がどうだったのかはよくわからないが、首都圏から遠いだけに監視は緩やかだったのかもしれない。しかし、食料事情は秋田でもそれほど好転はしていないようである。

図9　秋田県鹿角市のカトリック教会
終戦間近い頃，イタリア人外交官たちが東京から移転し収容された．

同じくGHQ資料のアンナ・マイヤースの証言では、厚木から秋田の舘合の抑留所に抑留された期間中に、外国人三二名のうち六名が死亡したが、五名は病死で、一名は自殺だったという。自殺者は前述したエレノア・ラフィンのことである（本書一八四ページ）。妹のジェニファー・マイヤースによれば、秋田では八〇歳ぐらいの老婦人が亡くなったが、高齢のためであるという。しかし、三二名中六名の死亡者ということは、死亡率は一五％以上にも達する。

戦争末期に秋田県に移転した抑留所はもう一ヵ所ある。イタリア人外交官らが抑留されていた東京第一抑留所である。GHQ資料によると、四五年七月五日に東京田園調布の聖フランシスコ修道院から、秋田県鹿角《かづの》郡毛馬内《けまない》町（現、鹿角市十和田）下小路《したこじ》一〇番地の毛馬内カトリック教会に移転した。ドイツ人のウィルヘルム・プール神父が司祭をしていた教会で、一九三〇年建立の聖堂に司祭館と幼稚園が付属していた。

古くからの教会員である田口ミヤ氏、小笠原ヱイ氏の話によると、その聖堂を全部改装して畳を上げて床にし、八つの小部屋に仕切ってイタリア人を住まわせた。祭壇のところだけはミサができるように区切って、プール神父や日本人の信者が出入りできた。司祭館や教会の敷地にある幼稚園もイタリア人の住まいに使われた。神父は、司祭館を出て毛馬内の地主の家の離れを借り、プール神父のコックがイタリア人のための雑用をしたという。食料難で、パンなどはなかなか手に入らず、肉屋に頼んでバターなどをかろうじて手に入れていた。司祭館の二階のプール神父の部屋は、イタリア大使夫妻が使った。他の人たちは、それぞれ部屋を割り振ったようだ。日本人の教会員は門から中に入ってはいけないと言われたが、ただ日曜日のミサの時だけは聖堂に入れた。ミサには、大使夫人は黒いベールをかぶって出席していた。イタリア人とは接触してはいけないと言われていて、いつも二、三人の警官が監視していた、ということだった（二〇〇五年三月聞き取り）。

ＧＨＱ資料によると、抑留者はマリオ・インデルリ大使夫妻、アンジェロネー商務官一家など、イタリア降伏によって抑留された公館員に、大連《だいれん》・台北・ハルピンなどから移動してきた領事館員を加え、男子三三名、女子一五名の四八名であった。そのうち九名は子どもである。労働が課されることもなく、虐待もなかったが、食事は堅い黒パンとカブラの葉やキャベツの入ったスープが出され、毎回同じようなもので抑留者の不満の種となった。『秋田県警察史　下巻』（秋田県警察部、一九七一年）によると、ここでは一人の事故もなく無事終戦を迎えることができた。

愛知抑留所の移転

愛知県で抑留されていたイタリア民間人も、空襲を避けてさらに郊外へと移転した。愛知抑留所（天白寮《てんぱくりよう》）に収容されていたフォスコ・マライーニ一家を含むイタリア人一五名は、四五年五月中旬、愛知県西加茂《にしかも》郡石野《いしの》村（現、豊田市）石ヶ瀬《いしがせ》の広済寺《こうさいじ》に移転した。名古屋市内は三月一二日と一九日の大空襲で焼かれ、さらに五月一四日の空襲によって焼き尽くされ、疎開というには遅すぎるような時期だった。

広済寺は曹洞宗《そうとうしゅう》の古刹《こさつ》で、イタリア人たちはその本堂の一画に寝起きした。同じころ、東京のチリ大使館に収容され、住友通信の研究所に通勤していたオランダ人技術者たち二一名も、同じ石野村の広澤寺《こうたく》に移転した。オランダ人抑留者アニー・レルスの手記「アニーの日本抑留日記」（前掲）によると、彼らが石野村に着いたのは五月一七日で、先に着いていたイタリア人たちが荷物運びなどを手伝ってくれたという。広澤寺と広済寺は歩いて五分ほどの距離にあり、抑留者たちの食事は広済寺で調理して広澤寺までバケツで運ぶことになっていた。食事といっても、雑穀や野菜を大鍋で煮た雑炊か、雑穀の代わりに小麦粉の粉を煮た糊のようなものだったという。

食物に飢えたイタリア人は自然に囲まれた石野村で、カエル・蛇・亀・雑草など何でも食べられる物を探しては食べた。かなり行動の自由が認められ、抑留所を出て付近の農家に出かけていき、シャツと米とを交換することもできた。周辺の村人には外国人に対する悪感情はなく、イタリア人もオランダ人も縫物や農作業の手伝いをして、報酬にジャガイモなどの食料を得るようになっていった。また、オランダ人たちは、密かに精巧な受信機を作ってラジオ放送を聞き、終戦が間近いことを察知していた（『フォスコの愛した日本』

前掲）。

空襲のなかを逃げる

本土決戦を前にして、新たな抑留拡大や抑留所の移転が行なわれる一方、既存の抑留所に収容されている外国人は、戦禍に脅かされるようになってくる。東京や横浜など都市への空襲が頻繁になり、四五年五月二五日の空襲によって、文京区関口台《せきぐちだい》の東京第二抑留所（小神学校）が焼失してしまった。この時点で収容されていたのは宣教師や修道女など女子三六名と、二月から抑留が始まったドイツ人一八名だった。幸い抑留者は全員無事避難して、女子は新宿区の聖母病院へ、ドイツ人は日本女子大学体育館に移動させられた。

この時の状況を、宣教師メーベル・フランシスはこう記している。

わたしたちの収容所は、直撃は受けなかったのですが、近くにある早稲田大学が燃えた時火の粉がわたしたちの所まで飛んできたのです。このとき、看守たちは、急いで階段を降り、裏口から出て、次の通りの指定された場所でみないっしょに待っているようにと言いました。（中略）こうして道に立っているとき、わたしたちの最後の持ち物が、炎となって燃え上がるのが見えました。（中略）やがて警官や看守がやって来て、わたしたちに歩き出すように言いつけました。わたしたちは、あき地にかたまっていましたが、回り中に火の手が上がっています。日本人は、わたしたちの処分に困っていました。このような緊急の場合どうするか、計画がなかったようです。

（『ひとりが千人を追う』前掲）

燃え盛る街を夜明けまで歩き続けて、フランシスたち女性は、新宿の聖母病院付属の修道院に収容された。そこでは乾パンなどわずかな非常食が与えられた。

七月一九日、外務省在敵国居留民関係事務室の鈴木九萬《ただかつ》は、聖母病院に収容された抑留者の待遇改善を求める、スイス公使の要望書を内務省警保局長に伝えている。これが功を奏したのかどうかはわからないが、その後、カトリックの修道女は解放されて、各自の修道院に帰還する。最後まで聖母病院に残ったのは、プロテスタントの宣教師と無職の婦人たちだった。

一方、ドイツ人は、日本女子大学の裏門に近い校舎に収容されたが、そこではピアノの使用も許可されたという。七月には、彼らはイタリア人が秋田へ旅立って空いた田園調布の聖フランシスコ修道院に移されて、そこで終戦を迎えた（『ベルリン・東京物語』前掲）。

原爆と長崎抑留所

四五年八月九日、長崎抑留所（聖母の騎士修道院）では、神戸から移動してきた修道女や宣教師夫婦ら四一名の外国人を収容したまま、長崎に投下された原爆の被害を受けることになった。原爆投下時の抑留所の様子については『長崎県警察史　下巻』（長崎県警察部、一九七九年）に記載がある。外国人抑留所長を兼務していた小山友一氏（長崎県警察部外事課課僚警部）の手記として、

八月九日原爆による市内の被害状況の深刻さが次第に判明するに伴い、私は抑留所の安否と警備強化を感じ、上司の命により課員数名を同伴して抑留所に急行した。抑留所は建物の一部が破損し、窓ガラスの破損で軽傷者が数名いた。抑留所は高台にあって、市内の燃焼状況は一部遠望され、外国人にも相当動揺の状況が見受けられた

とある。また、抑留所関係者の被害状況としては、

抑留所の傭人《ようにん》二名は、原爆の日、市内岩川町で外国人の食糧購入中被災し、男一名は店舗の下敷きとなって焼死、女一名は重傷を受けながら下敷きから脱出、途中防空壕で一夜を過ごし、翌十日抑留所にたどり着いたものの数日後に死亡した

（『長崎県警察史　下巻』前掲）

ということである。

先に記したように（本書二一七ページ）、この時期、聖母の騎士修道院のポーランド人修道士たちは、熊本県栃木《とちのき》温泉の抑留所に収容されてしまい、特別に残留を許可された修

道院長のミロハナ神父とゼノ修道士、そして中村安五郎氏など日本人修道士が修道院を守っていた。

中村安五郎修道士の話によると、八月九日の原爆投下の時、中村修道士は長崎市役所にいて、配給の書類に印をもらうところだった。ものすごい音と熱い爆風を感じて伏せた。気がつくと、飛び散ったおびただしい書類の下に埋まっていた。外では傷ついた人がボーと空を見て立ちすくんでいた。道は瓦や瓦礫《がれき》で歩けないほどだったが、寺町の山にいったん逃げ、それから修道院に帰ってきた。原爆投下時、ゼノ修道士はひき臼を作っていて、作業小屋の天井が吹き飛んだが、怪我はなかった。ミロハナ神父は御聖体を防空壕におさめ、学生らと防空壕のなかでお祈りをしていた、ということだった（一九九八年一〇月聞き取り）。

「防諜と身柄の保護」を名目に実施された敵国人抑留政策は、もはやこの時期完全に破綻し、外国人の生命の保護すらおぼつかない状況に至ったといえよう。

終戦と解放

抑留所の解放

救援物資の投下

一九四五（昭和二〇）年八月、すべての抑留所で外国人たちは命ぎりぎりの状態を耐えていたが、八月一五日の終戦で、ようやく生きのびる希望を取り戻すことができた。

一五日夜、埼玉抑留所では、特高課長が抑留外国人に日本の敗戦を伝え、「もう皆さんを拘束する必要はないが、血の気の多いのがいるから、しばらくはこのままいて欲しい」と伝えると、外国人たちは静かにうなずいていたという（『埼玉県警察史・二巻』一九七七年）。

一六日朝、福島抑留所では、男女の抑留者代表が警備員室に呼ばれ、抑留所長から正式に終戦を告げられた。外国人たちは泣いて喜びあい、キスをし、手を握り、背中をたたき合った（『福島にあった秘められた抑留所』前掲）。長崎抑留所では、終戦を知った警備の警察官は、外国人の仕返しを怖れて、聖母の騎士修道院敷地内の笹山に身を隠してしまった。しかし外国人たちは冷静で、ひたすら終戦を喜んでいた（中村安五郎修道士の証言、一九九八年一〇月聞き取り）。

図10　9月上旬，米軍によって抑留者は解放された（埼玉抑留所，アメリカ国立公文書館所蔵，工藤洋三氏提供）．

一五日、秋田県毛馬内《けまない》カトリック教会では、イタリア人外交官と日本人信者が、敗戦の苦さをかみ締めながらドイツ人プール神父のミサに参列した。「敗戦国三ヵ国の国民が、今ここに集まっています」という神父の言葉に、抑留されていたイタリア人も教会の信者として参列した日本人も感慨無量だったという（二〇〇五年三月聞き取り）。

一五日午後、愛知抑留所ではイタリア人が「戦争は終わった、戦争は終わった！」と叫んでいた。一六日夕方にはイタリア人とオランダ人合同でささやかなパーティーを開いた。山羊乳用に飼っていた小さな山羊を屠《ほふ》って御馳走にした。翌朝イタリア人の神父は、戦争で亡くなった人びとすべてのために、ミサを行なった。修道士コレッシとベンチヴェンニの歌声が気持ちよく響いた（「アニーの日本抑留日記」前掲）。

しかし、外国人たちがすぐに解放されたわけではなかった。それから一〇日ほどたって、米軍機により捕虜や抑留者への救援物資投下が開始された。米軍の記録「B29作戦任務報告書」によると、八月二七日から九月二〇日までに、B29だけでのべ一〇六六機が出撃し、四四七〇トンの救援物資を投下した。補給作戦を実施した収容所の一覧表には、北海道小樽《おたる》から九州長崎まで、民間人抑留所一一ヵ所が網羅され、各抑留所の推定収容人数もほぼ正確に記載されている（奥住喜重・工藤洋三・福林徹『捕虜収容所補給作戦』二〇〇四年）。ただ、秋田県内の二ヵ所の抑留所だけは漏れているが、周辺住民への聞き取りによると、実際には救援物資は渡っているようである。B29以外の航空機による投下があったのか、近くの尾去沢《おさりざわ》や小坂《こさか》銅山の捕虜収容所に投下されたものが、回されたのかもしれない。ともかくすべての抑留所に、食料・衣類・医薬品などの救援物資が豊富に届けられた。

戸塚の神奈川第二抑留所には八月二八日、色とりどりのパラシュートがついた救援物資が投下された。眺めていたオーストラリア人看護婦たちは、まるでディズニーのファンタジーのようだと思って興奮した。北足柄村内山《きたあしがらむらうちやま》の神奈川第一抑留所には八月二九日、たくさんのグラマン戦闘機が飛来し、ズックの袋に入った食料品を、パラシュートも付けずそのまま落とした。あたりはミカン畑で危険はなかったが、何十個もの袋が次から次へと投下される様は壮観で、実にエキサイティングな光景だったという（二〇〇六年一月エドワード・デュア氏より聞き取り）。一転して豊富な食料を手にすることになった抑留者は、それまでの飢餓状態を埋め合わせるように、缶詰やバター、砂糖やチョコレートなどを具合が悪くなるほど、がつがつ食べた。

図11　福島修道院にて，PWの表示を出して救援物資の投下を待つ（アメリカ国立公文書館所蔵，工藤洋三氏提供）．

　救援物資投下による事故も起こった。福島抑留所では八月二八日、投下された救援物資のドラム缶に当たって、オランダ人女性カロライン・エレーナが死亡した（『福島にあった秘められた抑留所』前掲）。
抑留を耐え抜いて、生きて帰国できるという日を目前にして起こった悲劇だった。戸塚の神奈川第二抑留所でも、救援物資は近くの中和田《なかわだ》小学校に落下して、校舎の一部を破壊した。幸い夏休み中で人的被害はなかったが、大音響とともにドラム缶は大破して救援物資はあたりに散らばり、駆けつけた警防団が拾い集めて、抑留所の外国人に届けたという（『中和田小学校百年のあゆみ』一九九二年）。

連行型抑留者の帰国

八月三〇日午後、マッカーサー元帥が厚木《あつぎ》飛行場に降り立ち、本土への米軍の進駐が始まった。マッカーサー一行の車列は、長後街道《ちょうごかいどう》を通って横浜へ向かった。

翌日、戸塚の神奈川第二抑留所では、ケイ・パーカーら三人の看護婦が、自力での米軍との接触を試みた。戸塚の抑留所は、米軍が横浜へ進駐するルートである長後街道に近い。彼女たちは、雨のなかを三時間待ってアメリカ軍将校のジープを見つけ、手を振って止め乗り込むと、無理やり抑留所まで連れてきた。抑留所から出てきた多数の女性を見て、状況をつかんだ将校は、ただちに救出の手配をした。

翌九月一日、早くも彼女たちは、抑留所の賄《まかな》いの手伝いをしていた「オバサン」（山川サク、本書二〇七ページ）に見送られ、米軍のジープ数台で抑留所を後にし、厚木飛行場から軍用機で沖縄に飛んだ。九月三日、沖縄から飛行機でマニラに到着。数日過ごし服や身の回り品を買い整えて、一二日に軍用機でオーストラリア、ダーウィンを経由し、一三日ついにシドニーに帰着した。アメリカ人のエッタ・ジョーンズは、マニラで看護婦らと別れ、シアトルに飛んで帰国を果した。重い結核に罹っていたアイリーン・キャラハンは横浜から病院船に乗せられ、治療を受けながら帰国することとなった（『Lost Women of Rabaul』前掲）。

他の抑留所では、外国人の解放はもう少し遅れる。愛知抑留所のオランダ人技師たちは、自分たちの判断で八月二九日、抑留所から名古屋観光ホテルに移った。そしてスウェーデン公使の手配で九月四日、米軍の駆逐艦に乗り浜松から横浜へ、さらに厚木飛行場から軍用機で沖縄に飛び、九月七日、マニラに到着した（『アニーの日本抑留日記』前掲）。

神戸の再度山《ふたたびさん》に抑留されていたグアム島のアメリカ人たちのところには、九月八日、米軍の救出部隊がやってきた。荷物をまとめてその日の夜行列車で横浜に移動し、翌日には厚木飛行場から沖縄経由でマニラに飛び、九月二四日、ハワイホノルルに到着した（『Trapped with the Enemy』前掲）。

福島抑留所の南京号乗客たちは、一四〇人という大人数のためか、船での帰国となった。九月一一日、抑留所を出て、福島駅からの特別列車で塩釜《しおがま》港へ向けて出発。ここから駆逐《くちく》艦《かん》で横浜港へ送られた。一四日、横浜港を空母ルーラーで出港し、一〇月一〇日、シドニーに到着した（『福島にあった秘められた抑留所』前掲）。

広島県三次《みよし》の抑留所では、米軍の救出部隊到着を待ち切れず、九月六日、タウジンハ船長とメレマ軍医長が列車で東京へ出て行った。彼らは、横浜の米軍司令部でオプテンノール号についての情報を尋ね、三次警察署長あてのオランダ人の引揚げに協力するように、という手紙を手に入れ、いったん三次に戻った。九月一二日、三次発の特別列車で、オランダ人たちは横浜に移動。ここで仙台に抑留されていたインドネシア人と再会し、お互いの無事を喜び合った。九月一四日、厚木から沖縄に飛び、しばらく台風で足止めされた後、一九日にマニラに到着した。そこから船でジャカルタに帰国したのは一一月三〇日だった（『海軍病院船はなぜ沈められたか』前掲）。

帰国がもっとも遅れたのは、北海道小樽《おたる》抑留所のアリュート人たちである。彼らは九月一七日にバスで千歳《ちとせ》空港に送られ、そこから厚木へ飛んだ。九月二一日、厚木から沖縄へ軍用機で送られ、そこからは輸送船に乗せられてマニラへ送られた。彼らがシアトルを経て、アリューシャン列島のアトカ島に到着したのは、小樽を出てから四ヵ月目のことだった。そしてその後も、アメリカ政府は費用と軍事上の観点からアッツ島への帰還を拒み、彼らはその望郷の思いにもかかわらず、二〇〇九年現在、いまだに帰還できていないのである（「昭和十七年小樽　四十名のアリュート人」前掲）。

在日外国人の解放

海外から連行されてきた外国人と違って、もともと日本に住んでいた外国人にとっては、日本の敗戦は複雑なものがあった。いまさら帰国することもできない彼らは、多くの日本人と同じように、敗戦国日本でその生活を立て直して行かなければならない。秋田県舘合《たてあい》（現、横手市雄物川町）に抑留された横浜の外国人たちは、終戦後は外を散歩したり、近所の農家のお宅に上がってお茶を飲んだりした。野菜や卵をもらえば、お返しに缶詰やチョコレートをあげることもできた。彼らがアメリカ占領軍によって秋田を出発し、横浜に向かったのは、九月八日のことである。帰る時には警防団が荷造りを手伝い、駅まで荷物を運んであげた人もいた。一部の高齢者はいったん新潟に送られ、新潟港から米軍の病院船で横浜に帰った。

神奈川県北足柄村（現、南足柄市）の神奈川第一抑留所でも、終戦とともに抑留外国人はそれぞれ荷物をまとめ、自宅のあるものは家へ帰っていった。デュア父子が、松田警察署差し回しのトラックに荷物を乗せて戸塚区の自宅に戻ったのは、九月九日のことだった。しかし、空襲で家を焼かれた人、敵国財産として売却されてしまった人もいた。彼らの戦後は、財産の返還と補償の請求から始まった。

長崎に抑留されていた一七名の修道女が、小林《おばやし》聖心女子学院に帰ってきたのは、終戦後二ヵ月たった一〇月一七日だった。米軍の軍艦で和歌山まで運ばれ、そこから軍の大型トラック二台に荷物とともども積まれて、兵庫県宝塚市の小林の丘を上って来た。もどった者、待った者、それぞれ手をとり合って、再会の喜びにわきたったという（『小林聖心女子学院五〇年史』小林聖心女子学院、一九七三年）。

埼玉抑留所が解放されたのは、九月上旬だった。米軍のトラックに乗った海兵隊がやってきて、ギリシャ人船員やフランシスコ会修道士など一六名は、そのままトラックに乗って帰った（カバー写真参照）。しかしアテネ・フランセの副校長とか一高（旧制官立第一高等学校）の教授とか、一部の日本人と結婚している外国人は、生活の基盤が整ってから、警察官に送られてぼつぼつと帰っていった（「証言埼玉抑留所」前掲）。

フランシスコ会修道士は、埼玉だけでなく、神奈川県北足柄村の神奈川第一抑留所にも、神戸市再度山の神戸抑留所にも収容されていた。彼らがつぎつぎに戻っていった田園調布の聖フランシスコ修道院は、四三年一〇月から敵国人抑留所として使われ、すっかり荒れ果てていた。修道士たちは一刻も早く教会の再開をと願い、疲れを癒す間もなく掃除に取りかかった（『宣教師たちの遺産』前掲）。

終戦時の抑留者名簿

終戦時の名簿から

アジア太平洋戦争下の「敵国人」抑留は、当初、在日外国人のうち敵国側となった人の抑留を企図したものだった。開戦時の抑留対象は高齢者を除く成人男性で、全国で三四二名が抑留された。この時期を抑留第一期とみることができる。まだ戦況に余裕があったせいか、抑留者の待遇も比較的よく、日本政府に国際法を守ろうとする姿勢もあった。これらの外国人の多くは、その後の交換船によって順次帰国していった。

交換船による抑留者の帰国に対応するかのように、一九四二年九月からは、女性を中心に教師や修道女を対象に約二〇〇名を新たに抑留した。この抑留第二期には抑留者の待遇は次第に厳しくなっていった。

さらに四三年一〇月には、イタリア降伏にともないイタリア人約六〇名を新たに抑留し、一二月には横浜市内に居住していた女性や高齢者三三名を抑留した。この時期から四五年初めまでの抑留第三期には、各抑留所とも食料の供給が減少し、抑留外国人は飢えに直面し、病死者も増えていく。

さらに四五年に入ると、本土決戦を想定して首都圏の一部のドイツ人、九州のフランス人、イタリア人、ポーランド人などに対しても抑留が行なわれ、判明しているだけでも一〇七名が新たに抑留された。また空襲が頻繁に行なわれるようになり、抑留者の命も危険にさらされるようになった。これが抑留第四期である。一期から四期までの各時期の在日外国人抑留者を合計すると約七四〇名になる。

また、このような段階的な抑留対象の拡大とは別に、日本の作戦域の拡大とともに、開戦時には想定されていなかったグアム島やアッツ島などの占領地や拿捕船《だほせん》から、多数の民間人が連行され、抑留に加えられた。四二年一月、グアム島からアメリカ人一三七名、七月にはナンキン号乗客ら一四〇名、ラバウルのオーストラリア人看護婦ら一九名、九月にはアッツ島アリュート人四〇名、一二月にはオプテンノール号オランダ人四四名とインド

表9　終戦時の敵国人抑留所（一九四五年一月～八月）

都道府県	抑留所所在地	人員	主な抑留者	死亡者数
北海道	小樽市清水町三七（武道場）	25名	アッツ島より連行のアリュート人（＊）	20名
秋田	鹿角郡十和田町毛馬内　カトリック教会	48名	イタリア大使館員と家族	なし
	平鹿郡雄物川町薄井五二　舘合産業組合	27名	横浜在住の女子・子ども・高齢者	6名
岩手	盛岡市上田第一一地割　聖ドミニカン修道院	8名	仏・独など修道女	不明
宮城	仙台市北五十人町八（角五郎丁教会）	35名	拿捕オランダ船インドネシア人（＊）	1名
	仙台市畳屋町三一　畳屋町教会	26名	カナダ人修道女	なし
福島	福島市花園町一二　ノートルダム修道院	139名	拿捕イギリス船籍ナンキン号等の乗客（＊）	4名
	会津若松市栄町　聖テレジア寮	4名	カナダ人修道女	なし
埼玉	浦和市上木崎五六三　聖フランシスコ修道院	56名	在日男子とカトリック修道士	なし
東京	淀橋区落合二―六七〇　聖母病院	36名	在日女子・修道女	なし
	文京区目白台　日本女子大学雨天体操場	18名	ユダヤ系ドイツ人など	なし
神奈川	第一抑留所　足柄上郡北足柄村内山	44名	在日男子とカトリック修道士	6名
	第二抑留所　横浜市戸塚区和泉町四五七三	19名	オーストラリア人看護婦（＊）	なし
愛知	西加茂郡石野村石ヶ瀬　広済寺	15名	イタリア民間人	なし
	西加茂郡石野村石ヶ瀬　広澤寺	21名	オランダ人電気技術者と家族（＊）	1名
兵庫	神戸市葺合区再度山　養護学校竹馬学園	163名	グアム島アメリカ人・在日英米人（＊）	12名
広島	双三郡三次町一七四一―一　愛光保健園	44名	拿捕オランダ船軍医・看護婦（＊）	なし
長崎	長崎市本河内町一九六　聖母の騎士神学校	41名	在日女子と修道女・在日夫婦	なし
福岡	田川郡添田町彦山一四三二　英彦山修道館	28名	仏・イタリアなどの修道士・修道女	なし
佐賀	小城郡清水　清水寺門前の旅館	21名	在日フランス人ポルトガル人など	なし
熊本	阿蘇郡長陽村栃木　小山旅館	40名	ポーランドなどの修道士・修道女	なし
		計858名		計50名

＊印は、海外から連行された抑留者

ネシア人三五名、そして四四年三月にジャワのオランダ人二二一名を抑留した。その合計は四三七名である。抑留外国人の数は、対象を変化させながら、むしろ増加する一方だったのである。在日外国人抑留者との合計では、アジア太平洋戦争全期間を通じて敵国人として抑留された外国人は、およそ一一八〇名にもなる。

国立公文書館に所蔵されている終戦時の抑留外国人の名簿「LIST OF INTERNEE」には、六〇九名の外国人の名前が記されている。英文で書かれており、占領軍に報告するために作成されたのではないかと思われる。そのためか、連合国側の抑留者は全国的に記載されているが、枢軸国側だったドイツ人とイタリア人抑留者については記載がない。また教会や修道院に抑留されていた一部の修道女についても記載がない。しかし終戦の時点で、この名簿記載者の他に、岩手県・宮城県・福島県にカナダ人修道女ら三八名、愛知県にイタリア民間人一五名、東京都にドイツ人一八名、秋田県にイタリア公館員四七名と横浜から移転させられた民間人二七名、九州にはフランス人・イタリア人・ポーランド人ら八九名が抑留されていた。合計すると、全国で八五〇名以上の外国人が、抑留されたまま終戦を迎えたのである（表9参照）。このうち海外から連行されてきた抑留者が、四一〇名と約半数を占めている。また、戦前から在日していた抑留外国人のうち、半数以上は宣教師と修道女で占められている。カトリック関係者は敵国人抑留の最大の被害者であるといえよう。

抑留者の待遇も、緒戦の勝利で余裕のあった第一期から、戦況の悪化する第二期、第三期と次第に劣悪になる。第四期にいたっては、食料不足や空襲で抑留者の生命すら危機にさらされるようになる。また、同盟国だったイタリアやドイツを含め世界四五ヵ国を敵に回して、すべての敵国人を抑留することなど不可能である。「防諜と身柄の保護」を目的に行なわれた敵国人抑留政策は、最後には破綻してしまったといえよう。それでも、敵国人抑留政策は終戦時まで貫徹された。敵国人抑留という小さな政策のなかにも、アジア太平洋戦争が凝縮して反映されているのである。

死亡者数と戦犯裁判

抑留中の死亡者がもっとも多かったのは、北海道抑留所のアリュート人で、四二名中二〇名もが死亡した。厚木から秋田県舘合《たてあい》に送られた横浜の外国人は、高齢者が多かったとはいえ、三三名中六名が死亡している。福島抑留所では一四〇名中四名、神奈川第一抑留所では五四名中六名が死亡。兵庫抑留所では二二〇名中、在日外国人七名とグアム島アメリカ人五名の計一二名が死亡した。宮城抑留所では、三五名のインドネシア人中一名死亡、神奈川第二抑留所のオーストラリア人看護婦には抑留中の死亡者はなかったが、重い結核にかかっていた一名が、帰国後数年で死亡した。

秋田県毛馬内《けまない》と愛知県のイタリア人、埼玉抑留所・東京抑留所の在日外国人、広島抑留所のオランダ人、長崎抑留所と九州各地の抑留所では、現在のところ死亡者は知られていない。しかし、長期間にわたる拘束と食料不足から健康を害し、その後、回復することなく長く苦しんだ抑留者は多い。

死亡者が出た抑留所のうち、福島抑留所と神奈川第一抑留所では、警備責任者が戦犯として抑留者虐待の罪に問われた。福島抑留所では、初代と二代目の警備主任と、抑留所開設時の特高課長が起訴された。横浜で行なわれた戦犯裁判の過程で特高課長は釈放され、二人の警備主任は強制労働五年の刑となった。しかし、強制労働とは名ばかりの軽い作業で、刑期も三年四ヵ月半に短縮された。神奈川第一抑留所では、警備主任（抑留所長）の巡査部長と警備員の巡査が起訴され、裁判の結果、警備員は無罪、警備主任は有罪として強制労働一二年の刑を課された。しかし、実質的には強制労働はなく、一九五二年の講和条約の発効と同時に釈放された。

すべての抑留所で食料は質量ともに不足していたが、これは一般の日本人も同じような状態だったともいわれる。医療の欠如も、おそらくどの抑留所でも起こっていたであろう。そんな極限状態のなかで、警備担当者が外国人の命を守ろうと真剣であったかどうか、また抑留者のあいだに仲間の結束とか、宗教的な支えが存在したかどうかが、抑留者の命の分かれ目であったように思われる。

それぞれの戦後――エピローグ

戦後復興への尽力

敵国人抑留所に収容されていた外国人のうち、横浜や神戸で貿易などの仕事に携わっていた在日外国人たちは、解放されても仕事や財産を失い、もとの生活に戻るのは大変だった。それでも戦後の価値観の大転換のなかで、英語と日本語に通じた彼らは新たな活躍を始める。

神奈川第一抑留所で抑留者代表だった貿易商のチャールズ・モスは、戦後横浜の復興のため、ホテル・ニューグランドや野沢屋（現、横浜松坂屋）、慶応義塾大学日吉《ひよし》校舎などの接収解除を米軍高官に掛け合って実現させた。また一九五一（昭和二六）年、横浜商工会議所に国際部を創設、自ら部会長となって内外経済の交流を促進した。

元フォード自動車部長のウィリアム・フェーゲンは、東京裁判の通訳を務めたり、翻訳や文筆を業とし、朝日新聞の英語出版物の編集顧問を務めた。缶詰業界の功労者フランク・S・ブースは、戦後もジャパン・エンジニア・カンパニーの社長として活躍した。神戸市再度山《ふたたびさん》に抑留されていた元第四高等学校英語教師レジナルド・ブライスは、学習院の英語教師となり、一九四六年一月に発布された詔書、いわゆる「天皇の人間宣言」の草稿を作成し、戦後日本の政治と社会に隠れた影響を与えた。開戦時に神奈川第二抑留所に抑留され、その後日本兵となって出征したJ・B・ハリスは、復員後、英語ラジオ講座や旺文社の英語参考書を書いて活躍した。苦しい抑留生活を経験したにもかかわらず、彼らの親日的態度は変わらなかった。

戦争の最中に国際法を信じて交換船での帰国を果たした宣教師の多くは、戦後日本に戻ってきた。横浜英和女学校のハジスは、戦後しばらくのあいだ、ニューヨークのメソジスト海外援助協会で働き、日本への復興援助物資の発送活動に尽力した。その後、一九五〇年に再来日し、戦後の横浜英和女学院復興の精神的支えとなった。関東学院のアキスリング も、山梨英和女学校のグリンバンクも、同じく戦後再来日し、学校再建に尽力した。

抑留の最大の被害者であるカトリックの修道士や修道女も、戦後の混乱のなかで、孤児院の開設やそれぞれの修道会・学校の再建のために働いた。神奈川第一抑留所に抑留されていた修道士サルト・ベランジェは、ラ・サール会の修道士として仙台の「光が丘天使園」で孤児たちの世話をし、多くの子どもたちから慕われた。作家の井上ひさしが小説『モッキンポット師の後始末』のモデルとして描いたのはこのベランジェだった。

一方、海外から連行された外国人にとっては、抑留は心と体に傷を残すつらい出来事だった。それでも、幾人かの抑留者は戦後ふたたび来日し、かつて自分が抑留された場所を訪れ、平和な日本を確認し、当時の記憶を振り返った。福島抑留所に抑留されたバーゲン夫妻、神戸市再度山に抑留されたジェームズ・トーマスなどである。

失われた外国人社会

横浜・神戸・長崎といったかつての開港場に、明治時代以来形成されてきた「外国人社会」は、戦争中の敵国人抑留政策によって完全に失われ、戦後も復活することはなかった。

外国人経営の会社は、そのほとんどが戦争中、敵国財産として「敵産管理法」に基づいて売却され、横浜正金《しょうきん》銀行などの管理に付された。戦後は、日本国内で敵産管理に付された財産に関しては、当時の日本の国力に見合う程度には補償が行われた。しかし、戦後の激動のなかで、かつてのような事業を再開することはほとんど不可能だった。

長崎で開港以来多くの事業を展開してきたホーム・リンガー商会の二代目経営者フレデリック・リンガーの未亡人アルセディー・イバ・リンガーは、開戦とともに検挙され長崎で抑留された末、日英交換船で帰国した。リンガー家の莫大な財産は、フレデリックの弟シドニー・リンガーが戦後再来日して回収したが、リンガー商会を復興することはできなかった。

幕末の開港期から長崎で活躍した実業家トーマス・グラバーの息子で、日本国籍を持っていた倉場富三郎(トミー・グラバー)は、特高警察に監視されつづけ、自宅に閉じこもっていたが、終戦直後の八月二六日に自殺した。長崎の外国人社会の消滅を象徴するような出来事だった。

横浜でも、抑留されたラフィン家の財産は戦後ある程度補償されたが、T・M・ラフィン商会やラフィン炭酸が復活することはなかった。神奈川第二抑留所として使用された横浜ヨットクラブは、戦後返還されヨットクラブとして再開したが、そのメンバーは外国人から日本人へと移り変わっていった。

在日外国人に対して、日本国内での敵産管理に関する補償は行なわれたが、抑留自体についての補償は行なわれていない。また、海外から連行した外国人の抑留についても、補償はまったく行なわれていない。

戦争中、敵国人として抑留された在日外国人の多くは、長年、横浜・神戸・長崎などに根を張って地域の発展を支えてきた人たちであった。産業経済や教育文化の面で貢献した、恩人といってもよいかもしれない。そうした身近な隣人に与えた戦時下の加害の歴史を、私たちは忘れてはならないと思う。

表10　抑留所一覧表

番号	抑留所所在地	人数
1	小樽市若竹町	25
2	札幌市　天使病院	
3	室蘭市　創成館支店	
4	青森市浜町教会	
5	鹿角郡毛馬内　カトリック教会	48
6	平鹿郡雄物川町　舘合産業組合	27
7	平鹿郡横手町　横手基督教会	
8	盛岡市　善隣館	
9	盛岡市上田　聖ドミニカン修道院	8
10	仙台市　元寺小路教会	
	仙台市原町　善き牧者会修道院	
11	仙台市北五十人町　角五郎丁教会	35
	仙台市畳屋町31　畳屋町教会	26
12	福島市　天主公教会	
13	福島市花園町　ノートルダム修道院	139
14	若松市栄町　聖テレジア寮	4
15	高岡市　高商官舎	
16	金沢市　十四番館	
17	前橋市　福音伝道教会	
18	宇都宮市松ヶ峰町	
19	水戸市五軒町　水戸天主公教会	
20	浦和市常磐町	
21	浦和市　聖フランシスコ修道院	56
22	世田谷区玉川田園調布　菫女学院	
	大森区田園調布　聖フランシスコ修道院	
23	小石川区関口台　小神学校	
24	芝区白金台町1の7　チリ大使館	
25	文京区目白台　日本女子大学	18
	淀橋区落合　聖母病院	36
26	横浜市中区根岸　横浜競馬場	
	横浜市中区　横浜ヨットクラブ	
27	戸塚区和泉町	19
28	愛甲郡玉川村七沢	
29	足柄上郡北足柄村内山	44
30	静岡市高松敷地	
31	西加茂郡石野村石ヶ瀬　広済寺	15
	西加茂郡石野村石ヶ瀬　広澤寺	21
32	愛知郡天白村八事　天白寮	
33	津市西堀端町　天主公教会	
34	宇治山田市宮後町　日本基督教会	
35	大津市馬場向畑	
36	京都市中京区　河原町教会	
37	奈良市登大路町　天主公教会	
38	大阪市西区　讃岐ホテル	
39	神戸市灘区　カナダ学院	
40	神戸市神戸区　イースタンロッジ	
	神戸市神戸区　バターフィールドアンドスワイヤ	
	神戸市神戸区　シーメンスミッション	
41	神戸市葺合区再度山　竹馬学園	163
42	岡山市　清心高等女学院	
43	双三郡三次町　愛光保健園	44
44	松江市北堀町	
45	福岡市大濠町　カトリック研究所	
	福岡市浄水通　カトリック福岡長館	
46	田川郡添田町彦山　英彦山修道館	28
47	小城郡清水　清水寺門前の旅館	21
48	長崎市城山町　マリヤ学院	
	長崎市本河内町　聖母の騎士	41
49	天草郡高浜村	
	天草郡久玉村	
50	八代市長町　ナザレ園	
51	阿蘇郡長陽村栃木　小山旅館	40

計　858

＊人数は終戦時まで継続した抑留所の，終戦時の抑留者数を記した．

＊人数無記入の抑留所は，抑留者の統合や移転によって，終戦時には廃止されていたもの．

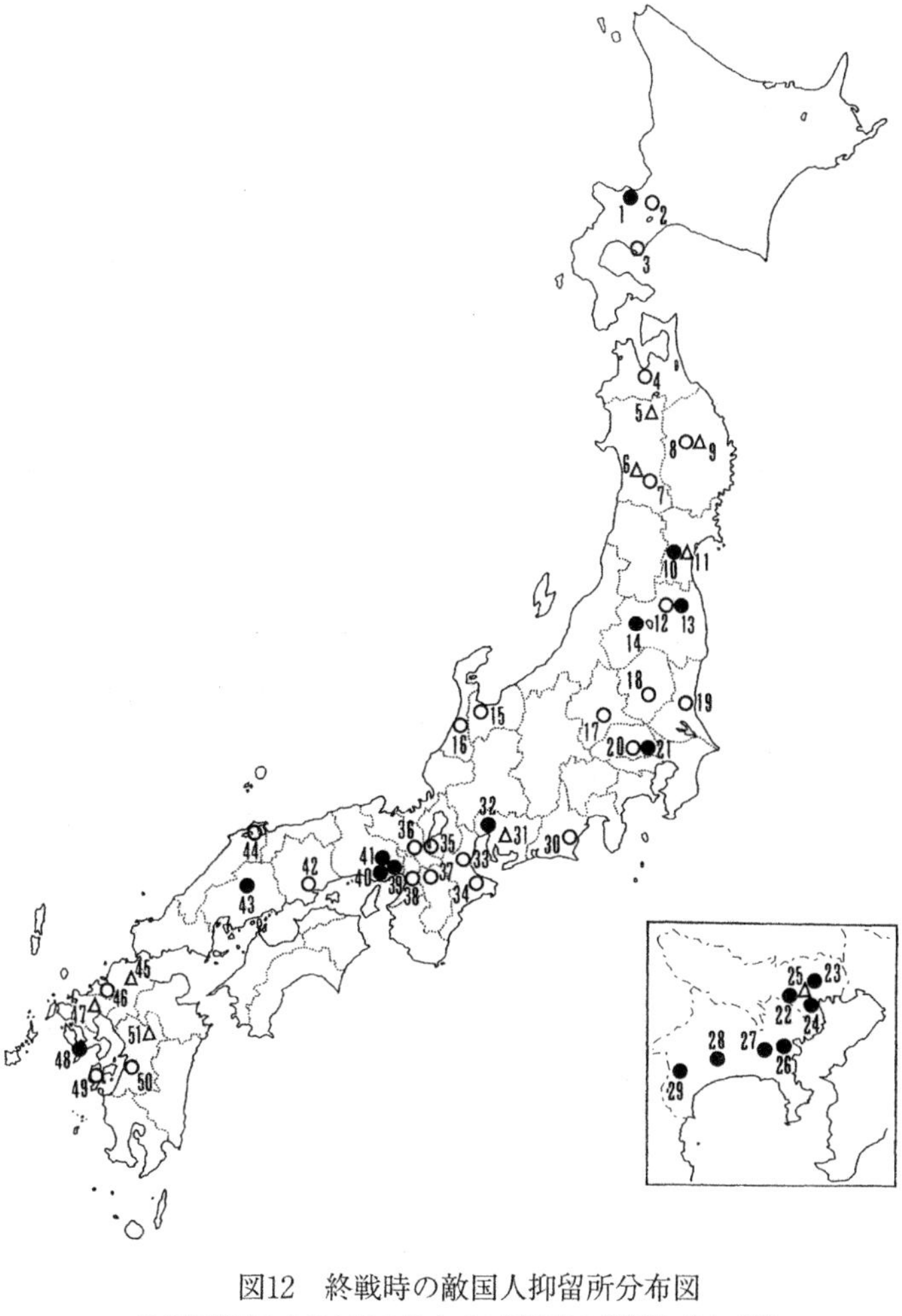

図12　終戦時の敵国人抑留所分布図

○は開戦時から1942年３月までの短期間の抑留所（24ヵ所）

●は長期間継続した抑留所（18ヵ所）

△は1945年の５月以降終戦までに開設された抑留所（９ヵ所）

・抑留者の変遷表（北海道～東京）

(1)

		1943年									
11月	12月	1月	2月	3月	4月	5月	6月	7月	8月	9月	10月
開設			2月死亡1				6月死亡1	7月死亡2	8月死亡2	9月死亡2	
38		**37**	**36**	**36**			**35**	**33**	**31**	**29**	
男23女17)				3月死亡1出生1							
	12月死亡1										
	12/20蘭病院船インドネシア人水夫35										
31		**35**							**35**	**35**	
	12/17女7東京へ男24埼玉へ										
							43年6月畳屋町教会に開設				
							26（カナダ人修道女）				
140		**140**							**140**	**140**	
11月神戸から4											
ア寮に開設カナダ人修道女）									**4**	**4**	
和市聖フランシスコ修道院に開設										帰国10	
37	**64**	**65** 1/26男1				**66**			**66**	**56**	
ら男	12月宮城から24広島から3					5/5マニラから男1					
	12月宮城から7 広島から19長崎から10									帰国52	
87		**123**							**114**	**62**	10/19
奈川から女30											**42**
玉へ男37											
10/31アイルランド女3解除									聖フランシスコ修道院に開設		（イタリア人公館員）

によって補って作成した.

ら省略した.

表11　日本国内の民間人抑留所

	1941年	1942年									
	12月	1月	2月	3月	4月	5月	6月	7月	8月	9月	10月
北海道	12/9 室蘭札幌に開設						6/8 アッツ島占領			9/28小樽市に	
	2	1/26 神奈川へ								40	38
	(拿捕船員)									(アッツ島住民	
										10月死亡2	
秋田	12/9 横手基督教会に開設										
	1(米教師スマイザー 3/31 解除)										
岩手	12/9 盛岡市善隣館に開設										
	13(宣教師ら) 3/31 宮城へ										
宮城	12/9 仙台市元寺小路教会に開設					帰国20		帰国2	10/10 北海道女5		
	53		58	74		48	28	26			31
	(修道士・修道女) 3/31東北14北海道1・4/18 解除1										
	第2仙台市北二番丁に開設 5/13 修道女27解除										
							(廃止)				
福島	12/9 福島市天主公教会に開設							7/11 福島市に開設			
	1(カナダ人修道士)3/30 宮城へ							137(南京号等乗客)			136
								8月出生1死亡1, 9月死亡1			
								4 (7/9 会津若松市聖テレジ			
埼玉	12/9 浦和市に開設										10/5 浦
	2(カナダ人修道士)3/13東京へ										37
											東京か
東京						神奈川より13					
	12/9 菫家政女学院に開設					帰国13 帰国15				9/16関東から71	
	36		37	42		43	43	28		97	90
				3月関東から6・解除2				9月解除2			10/5神
											埼

※『外事月報』『大正昭和カトリック教会史3』を中心に，抑留所ごとの史料

※1941年12月～1942年3月の期間のみ抑留所が開設された県は，この変遷表か

・抑留者の変遷表（神奈川～長崎）

(2)

		1943年									
11月	12月	1月	2月	3月	4月	5月	6月	7月	8月	9月	10月
4·10/5 男 17		12/31 男 1 死亡					6/25 内山に移転			帰国3	
54		**53**					**53**		**52**	**49**	
東京へ女30 山梨 静岡より女17									8/16 蘭男 1 解除		
19		**19**							**19**		
8月バンドホテルからヨットクラブへ											
											10/21
											16
											天白村に開設（イタリア民間人）
満洲から男 6(交換船中止) から男 9				3/15 男 2 解除						帰国 8	
解除 10/10 第 4 から 24 洲女11・10/3 アイルランド女 1 解除											
から女 33											
チャータード銀行社宅に移転(50)											
219		**219**							**217**	**209**	
11/18男 1 解除											
	12/20 蘭病院船オプテンノール号乗員44										
女 1・9/30 鳥取女 1									**44**	**44**	
22		**44**									
12/17 女 19 東京へ男 3 埼玉へ				3/4 聖母の騎士神学校へ移転							
25		**15**							**15**	**15**	
解除12/25女10東京へ											
676		**754**							**763**	**688**	**746**

表11　日本国内の民間人抑留所

	1941年	1942年									
	12月	1月	2月	3月	4月	5月	6月	7月	8月	9月	10月
神奈川							6/24 東京へ拿捕船員13				
	12/9 根岸競馬場に開設					帰国 9		帰国9 第2より14			9/18 男
	59		52	53		53	31	34			42
										10/5 女13	
	12/9 横浜ヨットクラブに開設					帰国6	帰国8	第1へ14		9月神奈川	
	34		34	33		28	22		19	36	19
				3/26 解除1		5月解除3	6/22バンドホテルに開設				
							1	19			
							アッツ島女1	7/15ラバウル女18			
愛知											
兵庫						5/20男1・6/7男1		7月男死亡2			10/1
	12/9 カナダ学院に開設			3/30 関西から20		帰国24		帰国22		9/23 大阪兵庫	
	35			55		56	32	7	7/16男1	9月男3	
	12/9 イースタンロッジに開設				4月解除5						10/1 満
	9	11(グアム女2)		16	3/13グアム女5					49	
		1/15 バッターフィールドエンドワイヤに開設								9/23 大阪兵庫	
	グアム	56		2/7死亡1		3/13グアム男1					
		1/15 シーメンスミッションに開設									10/10
	グアム	74 兵庫合計		205		211	187	165			220
広島	12/12 三次町愛光保健園に開設						帰国1	帰国1			
	14		8	20		22	21	19		9/23 山口男1	
				3/16 岡山から12				7/24 女1解除			22
								7/9 男1.7/25 男1解除			
長崎	12/9 長崎市マリヤ学院に開設						帰国3	帰国3	10月九州から男1女9		
	21		20	26		30	25	22			25
		2/12 解除1		3/30 熊本から2 福岡から4							10月男2
計	342		460	453		435	356	450			671

・抑留者の変遷表（北海道～東京）

(3)

				1945年							
9月	10月	11月	12月	1月	2月	3月	4月	5月	6月	7月	8月
				1月死亡2	2月死亡1		3月死亡1				
				27	26	25					25
									7/5 鹿角郡に開設		
							東京よりイタリア人			48	48
									6/1 平鹿郡に開設		
							神奈川より		28	死亡1	27
									7/14 盛岡市修道院		
											8
										7/10 空襲で焼失	
				35					角五郎丁に移転		35
（インドネシア人死亡1，アメリカ人宮城へ1，時期不明）											
				26							26
							4月死亡1				8月死亡1
				141			140				139
				4							4
9/5 カナダ男1											
56				56							56
									聖母病院・日本女子大		
9/15 女2解除		11/6 アイルランド15解除		ドイツ人18			5/26 空襲焼失				54
53		38		38			56				
9/16 伊男1									7/3 秋田県に移転		
48				48					48		
					2月死亡1			5月豊田市広澤寺に移転			
				22	21			21			

表11　日本国内の民間人抑留所

	1943年		1944年							
	11月	12月	1月	2月	3月	4月	5月	6月	7月	8月
北海道		29			29		29			
秋田										
岩手										
宮城		35			35		35			
宮城		26			26		26			
福島	140	141			141		141			
福島	11/29 福島へ男 1									
福島		4			4		4			
									8/4 男 1 長崎へ	
埼玉		56			56		56			
東京	10月文京区関口台に移転						5/15 女 3 解除		8/4 女 1 長崎へ	
東京		62			59		56			55
東京				2月伊 1	3月伊 5		4/29 解除 1			
東京		42		43	48		47			
東京					3月港区チリ大使館に開設					
東京					22（オランダ人電気技師）		22			

・抑留者の変遷表（神奈川～長崎）

(4)

				1945年							
9月	10月	11月	12月	1月	2月	3月	4月	5月	6月	7月	8月
	10月死亡1			1月死亡1						7月8月死亡各1	
	47			46							44
				19							19
								5/30 秋田県平鹿郡へ移転			
				28?				28			
								5月豊田市広済寺に移転			
											15
								5月豊田市広澤寺に開設			
								東京よりオランダ人			21
	10月死亡1			1月死亡2							
174	173			171							163
				44							44
							7月栃木温泉・英彦山・清水に開設				
へ女40兵庫より							フランス・ポルトガル人など				89
42				42							41
東京より夫婦1組											
				747							858

表11　日本国内の民間人抑留所

	1943年		1944年								
	11月	12月	1月	2月	3月	4月	5月	6月	7月	8月	
神奈川		49			49		49		48		7月死亡1
神奈川		19			19		19				7/9戸塚区和泉町に移転
神奈川		33			33		33				12/7厚木市七沢に開設
愛知					16		15				4/29解除1
兵庫							159				9，10，12月死亡各1　3，4月死亡各2・4月解除3　5月死亡1　7月男15長崎より　5/26第1第3第4再度山に移転
兵庫							40				7月女40長崎へ
兵庫											
兵庫		206			206		199				
広島		44			44		44				
長崎		15			15		15		40		7月男15兵庫　8/4埼玉
計		777			802		790				

あとがき

私が戦時下の敵国人抑留に興味を持ったきっかけは、勤務している横浜英和女学院の第八代校長オリーブ・I・ハジスが戦争中に抑留され、交換船で帰国したという歴史を知ったことからだった。

戦時下を敵国人として過ごしたハジス先生が、どこに抑留され、いつ帰国したのか、またその当時日本中にいた多くの外国人はどのように戦時下を過ごしたのか、くわしく知りたいと思った。しかし敵国人抑留に関する研究は非常に少なく、ほとんど何もわからなかった。勤務校の学校史の記述から、その抑留所が田園調布雙葉学園らしいと判明し、はじめて訪問したのは一九九三年七月のことだった。

皇太子妃の母校として名高い田園調布雙葉学園が、はたして敵国人抑留所であったのかどうか、不安と緊張いっぱいで電話をかけた私に、当時小学校長をされていたシスター島田恒子先生は、「はい、そうです。戦争中は外国人の収容所でした」と明快に答えて下さった。そして私の訪問を受け入れ、当時の校舎の写真や、『八十周年記念誌』などの資料も快く貸して下さった。これが私の「敵国人抑留所」を探し求める旅の始まりとなった。その後、調査に訪れた抑留所は、北は北海道小樽から南は九州熊本まで、一五都道府県二〇ヵ所以上に及んだ。

『神奈川県警察史』に「女子九名を抑留」と記載されている戸塚の抑留所は、身近な横浜市内にあるはずなのに、場所も内容もわからない謎の抑留所だった。戸塚図書館にあった『中和田小学校一〇〇年のあゆみ』に、B29から抑留所目当てに救援物資が投下されたという記事を見つけ出し、やっとおよその場所をつかむことができた。授業のなかでその話を生徒にすると、「わたし、その中和田小学校の卒業生です」という生徒が現れた。

一九九三年九月、彼女と一緒に中和田小学校周辺のお年寄りを訪ね歩いて、外国人女性たちの抑留生活の様子を多少とも知ることができた。一九九六年度には勤務校から内地留学を認められ、大学生に戻って外務省史料や『外事月報』を精査する機会に恵まれた。その結果、抑留されていた女性は一九名で、ラバウルから連行されたオーストラリア人看護婦だったということが、はじめてわかった。敵国人抑留の意外な広がりに驚かされた。

二〇〇六年八月、ＰＯＷ（戦争捕虜）研究会の仲間とオーストラリアを訪れ、オーストラリア国立大学のハンク・ネルソン教授やロッド・ミラー氏と会い、ついに戸塚に抑留された看護婦で、今も健在の二名の方と連絡が取れるようになった。その一人、九二歳のローナ・ジョンストンさんから頂いた手紙には、「あのようなひもじい、寒い思いはもう二度と決してしたくない」と書いてあった。英文の手紙の never never という繰り返しに、彼女の辛い体験が表れているようで胸が痛んだ。

『外事月報』が発行されなくなった、一九四四年後半以降の抑留所の様子は、とくにつかみにくかった。たとえば、田園調布の修道院にいたはずのイタリア人は、終戦時の名簿には記載されておらず、彼らが終戦時どこに抑留されていたのか、その行方は不明だった。ＧＨＱ資料によって、秋田県毛馬内《けまない》の教会に移転していたことがわかり、その教会を訪れたのは、二〇〇五年三月のことだった。積もった雪に聖堂の扉は閉ざされ、司祭館では信者の方々がイースターの祝会を催されていた。集まっていた古い信者の方々は、教会がイタリア人の抑留所にされた当時のことを、生き生きと語ってくださった。お別れに下さったきれいなセロファンに包んだイースターエッグには、聖書の言葉から「天に栄光　地に平和」と書かれてあった。平和に勝るものはないという、証言者の方々から私へのメッセージのように思われた。

厚木市七沢《ななさわ》温泉でも、長崎市聖母の騎士修道院でも、訪れてみると「よく聞いてくれた」とばかりに、知られざる抑留所や抑留者の様子を積極的に話して下さった。埋もれている歴史を多くの人に知ってほしい、世に出してほしいという地元の方の意思を感じた。

一方、なぜそんな昔のことを知ろうとするのか、と問われることもあった。戦争中は日本人だって栄養失調ぎりぎりだったのだから、抑留者だけがとくにひどい目にあったわけではない。何のために日本人の恥となるようなことをあえて知らせるのか、というわけである。

しかし、民間人抑留は、アジア太平洋戦争という巨大な歴史のなかで、世界各地で起こった大きな出来事なのである。インドネシアにおいては、一〇万人のオランダ人が日本軍に抑留され、アメリカ合衆国では一二万人の日系人が収容所に送られた。日本で抑留された欧米人の問題は、その一角としてとらえるべきで、数の上で少数であるからといって、見過ごしてはならない。

太平洋戦争下の敵国人抑留は、身近な隣人に与えた戦争加害の歴史である。そして、過去の歴史にとどまらず、国際化の進んだ現代社会において、もし戦争が起こるようなことがあれば、さらに大きな規模で発生するかもしれない今日的な問題でもあると思う。人道的な戦争などありえないように、人道的な抑留もありえない。平和に勝るものはない。

なお、戦争中外国人の抑留所として使用された旅館やホテルには、現在も営業を続けているところが、いくつもある。横浜の高齢者や女性、子どもが抑留された厚木市七沢の福《ふく》元館《もとかん》と玉川館《たまがわかん》は、新宿からわずか一時間あまりで行ける静かな温泉として、今も人気がある。昭和戦前期、福元館には小林多喜二《こばやしたきじ》が匿《かくま》われるように滞在し、ここで小説『オルグ』を執筆した。玉川館には漫画家田河水泡《たがわすいほう》が滞在し、ここで『のらくろ』を執筆した。

九州で修道士たちが抑留された阿蘇《あそ》の栃木温泉《とちのきおんせん》小山《おやま》旅館は、創業は江戸時代にさかのぼるという老舗《しにせ》旅館である。明治三三年には日本亡命中の孫文《そんぶん》が長期滞在し、またヘレン・ケラーや野口雨情《のぐちうじょう》も宿泊したという。箱根《はこね》の富士屋ホテルは、戦争中ドイツやタイ、満洲国など同盟国や中立国の大使館を受け入れ、全館貸し切りとなっていた。戦前チャップリンも泊まったというこの名門ホテルでは、明治二四年に建てられた本館が今も健在である。こうした老舗旅館やホテルの長い歴史の一隅に、戦時下敵国人という烙印を押されつつ、日本に留まり辛い抑留生活を送った外国人の歴史も語り継がれることを望みたい。

最後に、この研究を進めるにあたって指導援助をして下さった、お茶の水女子大学教授小風秀雅先生、名誉教授大口勇次郎先生に心から感謝いたします。またＰＯＷ研究会の皆さんに、史料収集や翻訳で大変お世話になったことを申し上げ、感謝いたします。証言をして下さった多くの方々にも心から感謝いたします。

二〇〇八年一二月八日

小宮まゆみ

著者紹介

一九五一年、東京都に生まれる
一九七四年、お茶の水女子大学文教育学部史学科卒業
現在、横浜英和女学院中学高等学校教諭

主要著書・論文

学徒勤労動員の記録(共著) 神奈川の歴史をよむ(共著) 太平洋戦争下の「敵国人」抑留(『お茶の水史学』四三) 戦時下の「敵国人」抑留を掘り起こして(『歴史地理教育』六九六)

歴史文化ライブラリー
267

敵国人抑留
戦時下の外国民間人

二〇〇九年(平成二十一)三月一日　第一刷発行

著　者　小《こ》宮《みや》まゆみ
発行者　前田求恭
発行所　株式会社 吉川弘文館
東京都文京区本郷七丁目二番八号
郵便番号一一三―〇〇三三
電話〇三―三八一三―九一五一〈代表〉
振替口座〇〇一〇〇―五―二四四
http://www.yoshikawa-k.co.jp/
印刷＝株式会社 平文社
製本＝ナショナル製本協同組合
装幀＝清水良洋・長谷川有香

歴史文化ライブラリー

1996.10

刊行のことば

現今の日本および国際社会は、さまざまな面で大変動の時代を迎えておりますが、近づきつつある二十一世紀は人類史の到達点として、物質的な繁栄のみならず文化や自然・社会環境を謳歌できる平和な社会でなければなりません。しかしながら高度成長・技術革新にともなう急激な変貌は「自己本位な刹那主義」の風潮を生みだし、先人が築いてきた歴史や文化に学ぶ余裕もなく、いまだ明るい人類の将来が展望できていないようにも見えます。このような状況を踏まえ、よりよい二十一世紀社会を築くために、人類誕生から現在に至る「人類の遺産・教訓」としてのあらゆる分野の歴史と文化を「歴史文化ライブラリー」として刊行することといたしました。

小社は、安政四年（一八五七）の創業以来、一貫して歴史学を中心とした専門出版社として書籍を刊行しつづけてまいりました。その経験を生かし、学問成果にもとづいた本叢書を刊行し社会的要請に応えて行きたいと考えております。

現代は、マスメディアが発達した高度情報化社会といわれますが、私どもはあくまでも活字を主体とした出版こそ、ものの本質を考える基礎と信じ、本叢書をとおして社会に訴えてまいりたいと思います。これから生まれでる一冊一冊が、それぞれの読者を知的冒険の旅へと誘い、希望に満ちた人類の未来を構築する糧となれば幸いです。

吉川弘文館

〈オンデマンド版〉
敵国人抑留
戦時下の外国民間人

On Demand
歴史文化ライブラリー
267

2019年（令和元）9月1日　発行

著　者　小《こ》宮《みや》まゆみ
発行者　吉　川　道　郎
発行所　株式会社　吉川弘文館
〒113-0033　東京都文京区本郷7丁目2番8号
TEL　03-3813-9151〈代表〉
URL　http://www.yoshikawa-k.co.jp/

印刷・製本　大日本印刷株式会社
装　幀　清水良洋・宮崎萌美

小宮まゆみ（1951～）

ISBN978-4-642-75667-9